财智道

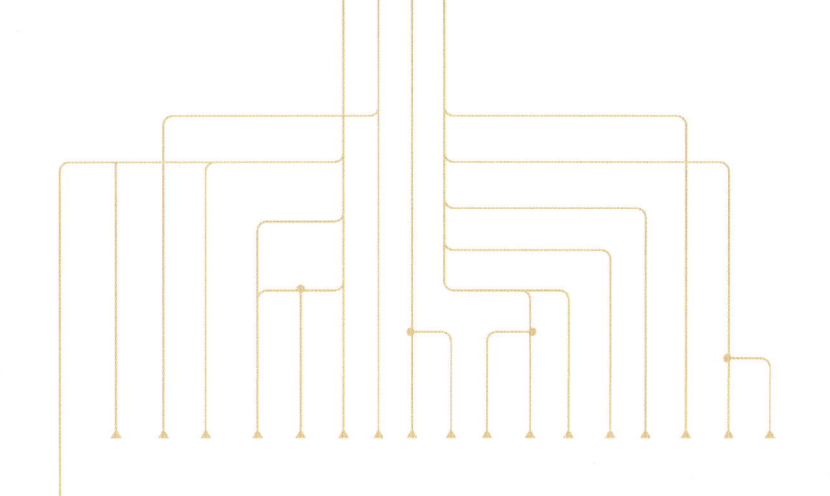

中小型银行财富管理数智化转型

陈文学 许 浩 著

中国科学技术出版社
·北京·

图书在版编目（CIP）数据

财智道：中小型银行财富管理数智化转型 / 陈文学，许浩著 . — 北京：中国科学技术出版社，2022.12
ISBN 978-7-5046-9741-7

Ⅰ.①财… Ⅱ.①陈… ②许… Ⅲ.①数字技术—应用—中小企业—商业银行—银行管理—研究—中国 Ⅳ.
① F832.33-39

中国版本图书馆 CIP 数据核字（2022）第 136976 号

策划编辑	申永刚　赵　霞	责任编辑	何英娇
封面设计	马筱琨	版式设计	蚂蚁设计
责任校对	焦　宁　邓雪梅　吕传新	责任印制	李晓霖

出　　版	中国科学技术出版社
发　　行	中国科学技术出版社有限公司发行部
地　　址	北京市海淀区中关村南大街 16 号
邮　　编	100081
发行电话	010-62173865
传　　真	010-62173081
网　　址	http://www.cspbooks.com.cn

开　　本	710mm×1000mm　1/16
字　　数	193 千字
印　　张	15
版　　次	2022 年 12 月第 1 版
印　　次	2022 年 12 月第 1 次印刷
印　　刷	北京盛通印刷股份有限公司
书　　号	ISBN 978-7-5046-9741-7/F・1074
定　　价	99.00 元

（凡购买本社图书，如有缺页、倒页、脱页者，本社发行部负责调换）

本书编委会

孙婉琪　王艺涵　沈　程　刘　敏　王　笑　王海军

张红文　张计宝　任冠龙　金雨青　沈　婷　陈　琪

前言

在我国《关于规范金融机构资产管理业务的指导意见》（以下简称"资管新规"）与《商业银行理财业务监督管理办法》（以下简称"理财新规"）监管政策下，中小型银行发展财富管理业务具有重要意义。2021年12月29日，中国人民银行正式发布《金融从业规范财富管理》，对财富管理从业标准进行了详细的界定，给中小型银行财富管理发展和转型提供了政策依据。

我国中小型银行财富管理业务发展明显滞后，难以满足银行发展转型及市场的需要，尤其是在数字时代，中小型银行财富管理的数智化转型需求非常迫切。当前，业界缺乏对中小型银行财富管理转型的理论和实践进行探讨的系统性论著，因此，本书从行业和市场的角度出发，分析中小银行财富管理业务现状、问题，从而引出转型的必要性和可行性，提出转型的路径和平台化方案，这对指导中小型银行财富管理业务发展具有重要意义。

书名释义

本书内容主要围绕"财、智、道"三方面展开。"财"即财富，通过分析我国财富管理状况、趋势以及对中小型银行财富管理进行研究，旨在推动中小型银行财富管理业务发展，推进广大人民群众资产保值增值，实现共同富裕；"智"即智能，通过建设财富管理平台，利用金融科技、人工智能赋能中小型银行财富管理，推进中小型银行财富管理的数字变革；"道"即规律，以行业发展趋势及业务发展的底层逻辑为根本，通过对中小型银行财富管理的分析，总结提炼实践经验，提出财富管理转型路径。

本书读者对象

本书既可为专业读者，如我国中小型银行的财富管理从业人员、风险管理人员及战略层管理人员提供专业知识和指导，也可以为大众读者提供"财富管理"的行业知识。在本书的写作中，笔者一方面给出财富管理行业的全景分析，另一方面根据自己的行业从业经验及前沿研究，为读者提供财富管理的专业建议。

本书组织结构

本书共分为五章。

第一章对近年来我国财富管理市场整体的动向和趋势进行了分析；第二章聚焦我国银行财富管理业务的现状；第三章阐述了中小型银行在进行财富管理转型时所存在的短板，并从必要性和可行性的角度，分析得出当前阶段是中小型银行财富管理转型的适当时机的结论；第四章从中小型银行财富管理转型中需要布局的七个方面出发，分别剖析并给出转型实操路径；第五章侧重阐述财富管理转型实施过程中智能化能力的建设。

本书旨在帮助读者更好地理解财富管理业务及转型，书中内容均遵循三条标准：客观全面、与市场密切相关、切实可行。期待读者通过阅读本书，共同推动我国财富管理行业数智化转型及该行业的健康有序发展！

境内外机构财富管理	028

财富管理客户需求新趋势　　　　　　　　　　　　029

创富一代成为财富管理主力	029
财富管理需求面不断扩大	030
新经济人群的财富管理需求特点	031

财富管理智能化　　　　　　　　　　　　　　　　033

金融科技赋能财富管理	033
金融科技赋能财富管理平台化	034
金融科技赋能财富管理智能化	036

第二章　我国银行财富管理业务现状　　　　　039

我国银行财富管理基本情况　　　　　　　　　　　040

我国银行财富管理现状	040
我国银行财富管理发展趋势	045

我国银行财富管理战略定位　　　　　　　　　　　047

价值定位	047
产品及渠道定位	049
服务及品牌定位	050

我国银行财富管理客户分类　　　　　　　　　　　052

客户画像维度	052
客户需求维度	056

我国银行财富管理业务体系　　　　　　　　　　　059

账户与现金管理	060

| 目录 |

第一章　我国财富管理市场新动向　　001

财富管理市场日益扩大　　002
　　资产规模日益增长　　002
　　客户数量逐渐扩大　　003
　　各类机构齐头并进　　004

财富管理回归本源　　007
　　产品创立发售真实化　　007
　　投资方向透明化　　008
　　风险收益清晰化　　009

财富管理跨涉领域多样化　　012
　　财富管理产品多样化　　012
　　财富管理渠道多样化　　014
　　财富管理风险多样化　　017
　　财富管理监管多样化　　019

财富管理协同合作日益密切　　021
　　市场各类机构能力分析　　021
　　资源整合，协同合作　　023

财富管理模式多元化　　025
　　传统财富管理　　025
　　新兴财富管理　　027
　　互联网财富管理　　027

资产管理	060
家族财富管理	062
咨询与其他服务	062

我国银行财富管理运营模式 — 064

组织运营模式	064
产品运营模式	066
数字化运营模式	067

我国银行财富管理合作机制 — 069

协同合作机制	069
提升协同合作效率	070

我国银行财富管理现存问题 — 071

客户分类标准不一	071
信息披露程度不一	072
产品同质化严重	073
客户沟通不足	074
产品定位脱离市场	074
数字化应用不足	075

第三章　中小型银行财富管理转型正当时 — 077

中小型银行财富管理短板 — 078

净值化转型进程缓慢	078
投资与研发能力较弱	080
销售体系不完善	080
金融科技复合型人才短缺	081

成本收入难平衡		083
客户服务缺乏创新		084

中小型银行发展财富管理的必要性　　085

存贷利差收窄		085
业务增速放缓		087
监管日益趋严		093

中小型银行发展财富管理的可行性　　095

客户基础稳固		095
区域优势明显		096
决策机制灵活		096
代销经验丰富		097
营销资源充沛		098
科技基础扎实		098

第四章　中小型银行财富管理转型路径　　101

发展理念转型　　102

传统业务面临挑战		102
解锁数据驱动新理念		103

领导能力转型　　105

提升自身能力		106
做好战略谋划		108
增强数字化意识		109

组织架构转型　　111

组织架构短板		111

  组织架构优化   113

管理团队转型   121

  敏捷团队打造   121

  人才队伍建设   123

经营模式转型   125

  设立理财子公司   125

  加强代销业务   126

  拓展创新业务   133

风险防控转型   135

  风险防控概述   135

  风险防控问题及挑战   138

  健全风险防控体系   144

  风险防控数字化对策   148

生态发展转型   153

  客户需求多元化与产品组合定制化   154

  场景应用多元化与服务内容差异化   155

  线上线下渠道双推动   156

  客户管理精细化   158

  内外资源双协同   159

  人才培养体系化   162

第五章　中小型银行财富管理平台化   165

数字化财富管理运行平台   167

  基础设施   167

技术中台	170
数字化财富管理投顾平台	**179**
平台概述	179
业务模式	182
国内外实践经验	184
数字化财富管理营销平台	**189**
产生背景	189
构建途径	193
数字化财富管理风控平台	**199**
风险管理体系	200
合规管理体系	203
数据安全体系	206
数字化财富管理数据治理平台	**212**
统一数据服务平台	212
数据挖掘平台	216
人工智能平台	218
数据资产盘点平台	218
数据能力分析平台	222

后记　　　　　　　　　　　　　　　　225

第一章

我国财富管理市场新动向

财富管理市场日益扩大

我国国民经济在过去的几十年里飞速增长，我国已逐步形成规模逾万亿元人民币的庞大财富管理市场。随着居民财富管理需求不断增长、数字化改革浪潮汹涌袭来以及行业持续创新发展，中国财富管理行业正在进入一个全新的发展阶段，具体表现为以下几个方面。

资产规模日益增长

如图1-1所示，《2021中国私人财富报告》表明：2020年我国居民个

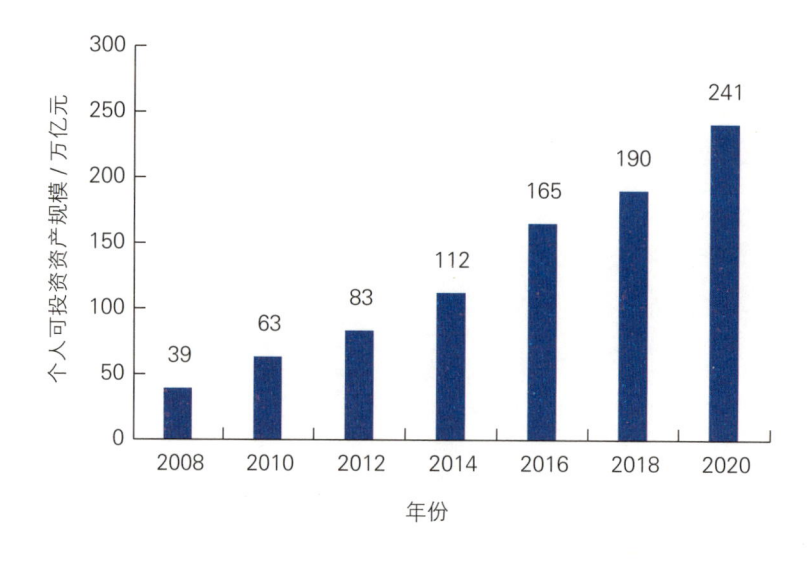

图 1-1　2008—2020年我国居民个人持有可投资资产总体规模

（数据来源：《2021中国私人财富报告》）

人持有可投资资产总规模达到 241 万亿元人民币，2018—2020 年的年均复合增长率为 13%。另据测算，预计在克服 2020—2022 年因新冠肺炎疫情等因素影响造成的经济波动之后，2023 年我国居民个人可投资资产总规模将超过 243 万亿元人民币。

客户数量逐渐扩大

除居民个人可投资资产规模外，我国高净值群体规模在不断扩大。2020 年，我国高净值群体（个人可投资资产大于 1000 万元人民币）规模数量超过 262 万人，与 2018 年相比，增加大约 65 万人（见图 1-2）；2021 年底，我国高净值群体规模数量已达到 296 万人。我国 2008—2020 年高净值群体可投资资产规模见图 1-3。

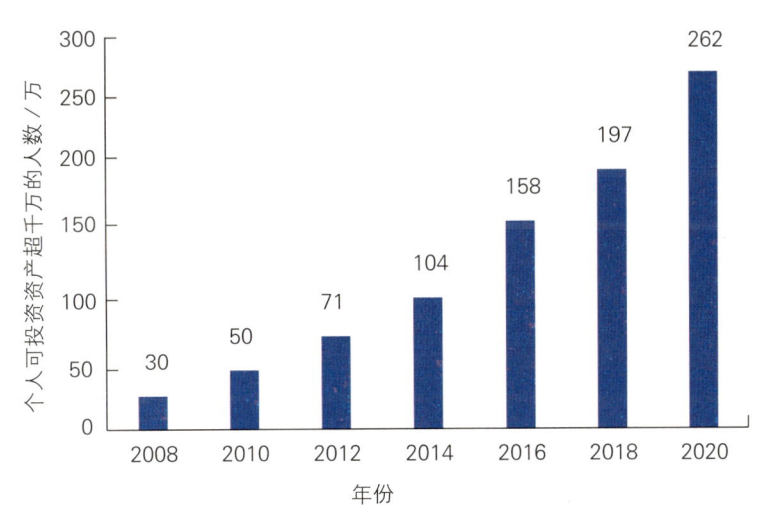

图 1-2 2008—2020 年我国高净值群体规模数量

（数据来源：《2021 中国私人财富报告》）

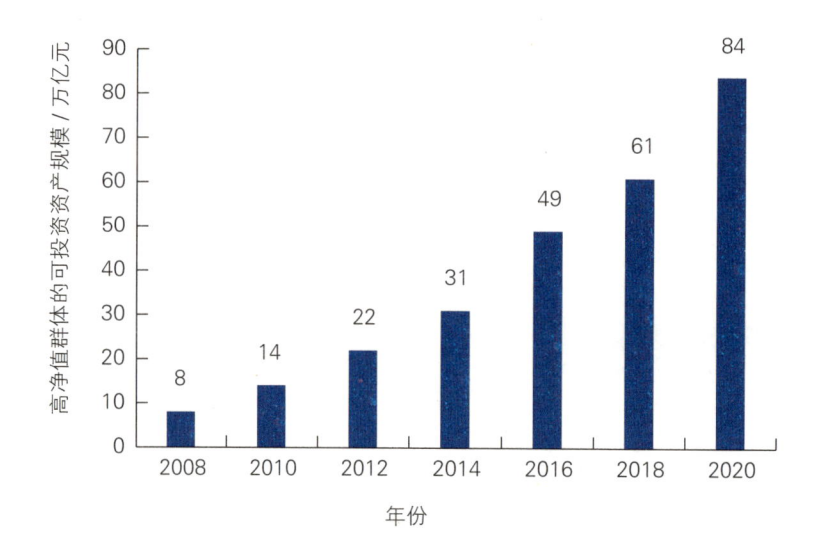

图 1-3 2008—2020 年高净值群体可投资资产规模

（数据来源：《2021 中国私人财富报告》）

各类机构齐头并进

当前，我国各金融机构的财富管理业务发展进入空前活跃阶段，商业银行、证券公司、保险公司、信托公司、基金公司、互联网金融机构、第三方财富管理机构等主体凭借各自的资源优势，为客户提供个性化的财富管理业务，参与市场竞争[①]。截至 2021 年 6 月底，我国市场上保有存续理财产品的机构包括 325 家银行和 20 家理财公司，共有理财产品 3.97 万只；存续理财产品余额为 25.80 万亿元，同比增长 5.37%。

如图 1-4、图 1-5 所示，城市商业银行（简称"城商行"）存续产品数

---

① 邵智宝. 充分发挥银行业优势 把握财富管理市场发展新机遇［J］. 中国银行业，2021（10）:18-20+6.

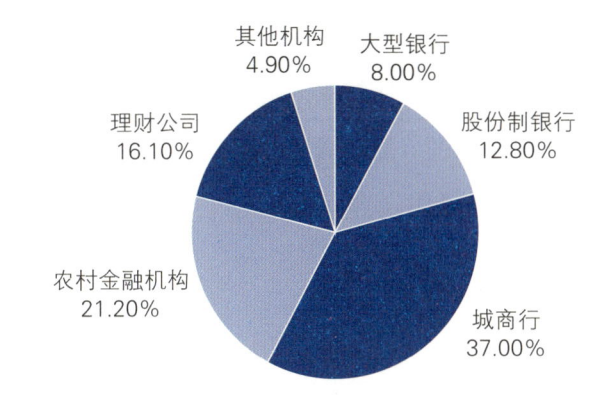

图 1-4 各类机构存续产品数量占比情况

（数据来源：银行业理财登记托管中心、中国人民大学国际货币研究所）

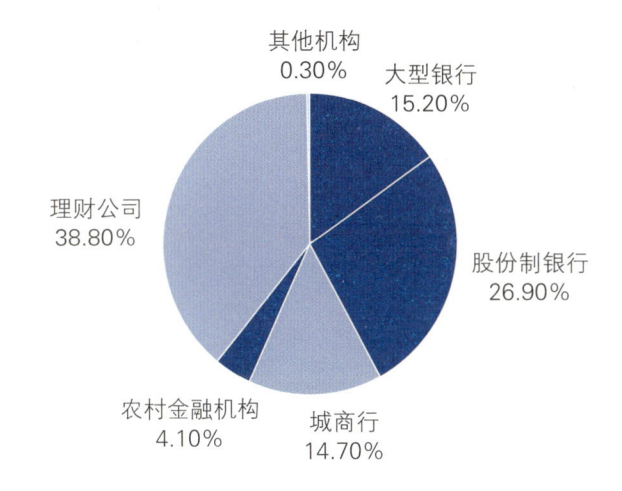

图 1-5 各类机构存续产品规模占比情况

（数据来源：银行业理财登记托管中心、中国人民大学国际货币研究所）

量占比最多，农村金融机构紧随其后，理财公司略胜股份制银行一筹，大型银行与其他机构数量较少。就存续产品规模而言，理财公司产品的规模最大，股份制银行稍次之，大型银行与城商行平分秋色，农村金融机构稍显劣势。总体而言，各类机构有的以产品数目取胜，有的以产品规模取胜，在竞争中齐头并进、稳步前行。

当前我国财富管理行业正在进入全新的发展时代。财富管理需求端伴随居民投资理财意识的增强不断扩大，资产端伴随我国资本市场改革也将加速孕育更多优质投资标的。随着居民财富提升以及财富配置金融资产比例提升，我国财富管理行业市场日益增长。

财富管理回归本源

我国的财富管理市场潜力巨大，各类金融机构纷纷入场，财富管理业务迅速扩张，也加剧了市场竞争。同时，中国银行保险监督管理委员会（以下简称"银保监会"）等监管机构出台相应政策加强行业监管。财富管理机构在监管和竞争的双重动力下规范理财行为，创新产品，使财富管理逐渐回归本源。财富管理回归本源需要按照客户要求去选择最合适的资产。其主要包含三方面的内容：产品创立发售真实化，投资方向透明化，风险收益清晰化。

产品创立发售真实化

产品创立发售的真实化体现在两方面。

第一方面，财富管理机构要持牌合规经营，在确保机构真实性和获得理财牌照的情况下开发和销售理财产品。其中，对财富管理业务有所布局的银行可以建立拥有独立法人地位的理财子公司，并将财富管理业务放到理财子公司开展。但若无法满足相关条件，银行就应当在总行层面设立理财产品服务运营管理部门，对理财产品和服务进行集中统一运营监管。

第二方面，在产品销售中，要进行产品销售定级与投资者风险承受能力定级工作，要本着符合客户财富管理要求的经营理念，为客户匹配与其投资风险能力相当的理财产品。这里涵盖三方面的规范内容：理财产品风险定级、投资者风险承受能力定级以及理财产品销售规范。

（1）理财产品风险定级。在开展理财产品风险定级之前，财富管理机构要建立完善的理财产品审批政策和程序，利用规范流程，进行充分的风险识别和评估。金融机构应通过科学的方式，综合考量理财产品结构、同类理财产品过去的绩效以及风险程度等各种因素，对新理财产品做出风险评估，评级结果由风险评级体现。

（2）投资者风险承受能力定级。商业银行财富管理机构或理财子公司要对非金融机构投资者开展风险承受能力测评工作，并为投资者的风险承受能力进行评级。在风险测评过程中，投资顾问要实事求是，杜绝误导或者代替操作，以此保证风险承受能力测评结论的有效性和真实性。

（3）理财产品销售规范。在做好理财产品风险定级和投资者风险承受能力评估后，理财产品的销售也要遵循规范，财富管理机构不能对投资者进行风险错配。在理财产品销售过程中，规范化的辅助手段主要包括：做好销售文件标注；在产品销售系统中设定销售逻辑约束，如不得进行理财产品风险级别超过客户风险承受能力级别的交易等；要在产品销售专区中对每只理财产品销售流程进行存证，并且留痕管理[1]。

投资方向透明化

当前，理财机构财富管理存在一些问题，如资产交叉持有和跨界经营导致资金流向不透明及杠杆率提升。具体表现在，一些资金为了博取高收益，通过层层包装，以设立资金池等方式，投资国家不允许的领域，开展国家不允许的业务，例如，资金流入房地产市场，一方面不利于房地产的健康发展，另一方面导致真正需要资金的中小企业无钱可用。而这种为了

---

[1] 资料来源：《商业银行理财业务监督管理办法》。

逃避监管而刻意模糊投资方向的行为，不仅违反了监管的要求，也让理财产品的本质模糊，让投资者无法看清底层资产，难以了解资金的真正去向。

财富管理机构不应该为了逃避监管层层嵌套金融产品进行违规投资，而要从客户角度出发，用科学的方法为客户配置资产，实现客户资产的保值和增值。

（1）财富管理机构对所有理财产品均应实行独立管理和单独建账。为保证每只理财产品都和其投资的资产相对应，防止一些投资顾问私自建立资本池，财富管理机构应对每只理财产品进行独立的运营管理。通过设置投资资产明细账和独立财务管理，提供每只理财产品的净值表、资产负债表以及利润表等[①]。

（2）财富管理机构要服从穿透式监管要求。穿透式监管要求财富管理机构在发售理财产品时，要向上甄别理财的最终投资者，向下甄别理财的最底层资产，同时对产品运营管理实施动态管理。为满足穿透式监管要求，财富管理机构须提升数据的准确性、全面性和及时性。

风险收益清晰化

在资管新规和理财新规发布之前，银行理财普遍存在信息披露不完整的问题。两个新规发布以后，这种情况在一定程度上得到了解决，特别是在净值类理财产品的信息披露方面有了很大的提升。不过财富管理机构仍然在信息披露上存在一些不足，主要有以下四个原因：

第一，较多机构不重视信息披露。

第二，理财产品信息披露不符合规范。

[①] 资料来源：《商业银行理财子公司管理办法》。

第三,信息披露缺乏统一的渠道。

第四,披露周期不定。

风险收益等信息的不清晰使得投资者无法根据现有信息做出正确决策,导致投资亏损,严重时候会引发声誉风险,甚至引发系统性风险。信息披露的具体要求是指,投资者在投资前,财富管理机构要充分告知如下信息:

(1)完整的理财产品资料,包括理财产品的募集情况、资金投入、杠杆情况、利润分配、托管安排、资金账户情况以及理财产品风险等。其中,理财产品种类、资产配置、估值方法、托管安排、风险和报酬等关键数据必须全面公开,同时必须用真实、明确和清晰的文字加以表述。

(2)理财产品的风险,既包含风险等级,也包含风险来源。投资顾问不能误导投资者,宣传甚至承诺保本保收益,也不得用预期收益率或者过往收益率来混淆保本收益率,应该主动提醒投资者,风险自担,投资行为要谨慎。

财富管理机构按照正确的要求进行风险披露的益处主要有:

(1)保护投资者利益,防止投资者因信息错误做出不当决策。一方面,投资者做出正确投资决策的前提和基础是真实可靠的信息;另一方面,真实透明的信息也可以防范投资顾问为了自身利益而进行暗箱操作,降低投资欺诈行为发生的概率。

(2)推进理财产品净值化转型。"资管新规"中有"打破刚兑"的要求,禁止财富管理机构向投资者承诺投资收益。如果财富管理机构能够将产品的详细组成、预期风险和收益都完整披露,投资者在了解理财产品的结构和运作原理后,就会真正理解刚性兑付的不可行性,从而推进理财产品净值化转型。

(3)防控金融风险。单只理财产品做到信息透明化后,整个市场的透明度也会得到提升,监管部门能够高效便捷地监测市场现状,提前预知并处理金融风险，杜绝发生大范围的系统性风险。

　　以上是财富管理回归本源的具体表现，随着财富管理方式的转变，财富管理的跨涉领域也日渐多样化。

财富管理跨涉领域多样化

财富管理产品多样化

"资管新规"的到来加速了银行财富管理产品的净值化转型,"固收+"投资理念逐渐兴起。据统计[①],2018年"资管新规"发布时,全市场新发封闭式财富管理产品平均期限为138日。截至2021年12月,封闭式财富管理产品平均期限提升至481天,且1年以上的封闭式财富管理产品占全部封闭式财富管理产品的60%以上。

当前,各大银行下属的理财公司的财富管理产品以固定收益类财富管理产品为主,个性化财富管理产品为辅,同时结合总行特点进行差异化布局。如表1-1所示,财富管理产品线覆盖现金管理类、固定收益类、混合类、权益类财富管理产品等。

据统计,截至2021年年底,大型国有银行旗下的理财公司推出的现有财富管理产品中,固定收益类财富管理产品规模最大,为8.51万亿元,占大型国有银行旗下的理财公司理财规模的近92.3%,与各类理财公司固定收益类财富管理产品92.6%的平均水平基本持平。其次是混合类财富管理产品,规模达到0.7万亿元,占比约7.6%。权益类财富管理产品规模最小,

---

① 资料来源:《中国银行业理财市场年度报告(2021年)》,银行业理财登记托管中心,2022年2月26日。

表 1-1　各理财公司财富管理产品线

理财公司	财富管理产品体系	财富管理产品线
中银理财有限责任公司	六大产品体系 + 特色系列	六大产品体系：现金管理类(乐享天天系列)、类债基(债市通系列)、固收类(稳富系列)、固收增强类(稳富固收增强系列)、混合类(智富系列及外币理财) 特色系列("全球配置"外币产品，"福、禄、寿、禧"养老产品，"鼎富"股权投资产品，指数产品)
工银理财有限责任公司	四大基础产品系列 + 三大特色产品系列	四大基础产品系列：现金管理、"固收+"、多资产组合、另类系列 三大特色产品系列：权益、量化、跨境系列
农银理财有限责任公司	六大常规系列 +N 个特色系列	六大常规系列：现金管理、固定收益、混合、权益、商品外汇、另类投资 N 个特色系列：惠农、养老、绿色金融(ESG)
建信理财有限责任公司	五大基础系列 + 特色系列	五大基础系列：现金管理、固收、固收增强、混合、权益五大系列 特色系列：养老、跨境、财私及机构专属等
交银理财有限责任公司	主打系列 + 主题系列	主打系列：固收类产品 主题系列：商业养老、科创投资、长三角一体化、要素市场挂钩等策略
中邮理财有限责任公司	"财富管理"+"资产管理"双维度架构	"财富管理"维度：针对个人客户提供尊享、惠享、私享等"享"字系列产品，针对企业"客户"提供盛兴、盛鼎等"盛"字系列产品 "资产管理"维度：纯固收类"鸿运"、固收+"鸿锦"、偏固收混合类"鸿元"及私募产品"鸿业远图"等产品系列

资料来源：中国理财网、各银行官网。

仅为 0.01 万亿元（表 1-2）。

表 1-2　2021 年年末各类型理财公司财富管理产品规模情况　（单位：万亿元）

分类	规模	固定收益类财富管理产品	混合类财富管理产品	权益类财富管理产品
大型国有银行旗下的理财公司	9.22	8.51	0.70	0.01
股份制银行理财公司	6.21	5.69	0.51	0.01
其他理财公司	1.76	1.73	0.02	0.01
合计	17.19	15.93	1.23	0.03

未来财富管理市场将不断扩大，财富管理产品体系将不断丰富，财富管理产品期限将覆盖客户生命周期的不同阶段如成长期、家庭期、退休期等，不同的财富管理产品将满足居民在不同时期的个性化金融需求。

财富管理渠道多样化

当前，我国财富管理赛道已呈现"千帆竞逐，百舸争流"的局面，银行、证券公司、保险公司、信托公司、基金公司等各大机构凭借自身优势布局财富管理市场，共同助推财富管理行业的发展。据统计[①]，2013 年年初至 2021 年年末，我国财富管理行业可分为两大发展阶段。第一阶段为

[①] 资料来源：《中国财富管理能力评价报告（2021）》，中国人民大学国际货币研究所，2022 年 2 月 17 日。

2013年年初至2017年年末，为我国财富管理行业起步阶段，各种"政策红利"为各金融业态带来了创新激励，财富管理行业进入迅猛发展阶段；第二阶段为2018年年初至今，受新冠肺炎疫情和外部经济环境等影响，我国经济金融发展面临巨大挑战。为保障我国金融体系健康有序发展，中国人民银行等四大部门联合发布"资管新规"，推动财富管理行业规范化（图1-6）。

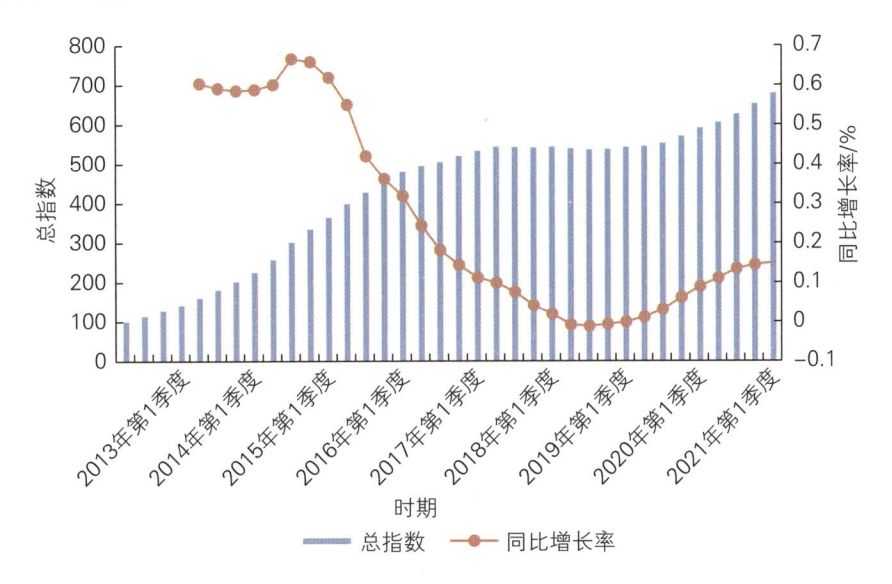

图1-6 中国财富管理行业总指数（2013年第1季度—2021年第1季度）

（数据来源：《关于规范金融机构资产管理业务的指导意见》）

从各类机构发展来看，2013年年初至2016年年末，五大金融业态中基金业发展指数领先，其次为银行业和证券业，保险业与信托业紧随其后。自2017年年初起，各行业发展逐渐分化，基金业凭借自身发展优势仍处于领先地位，保险业厚积薄发，与银行业齐头并进，而证券业和信托业相对落后（见图1-7）。

随着我国居民对财富管理需求的日益多元化，行业布局逐渐呈现"以银行为主导，其他渠道辅助"的格局。从2021年年末公募基金财富管理产

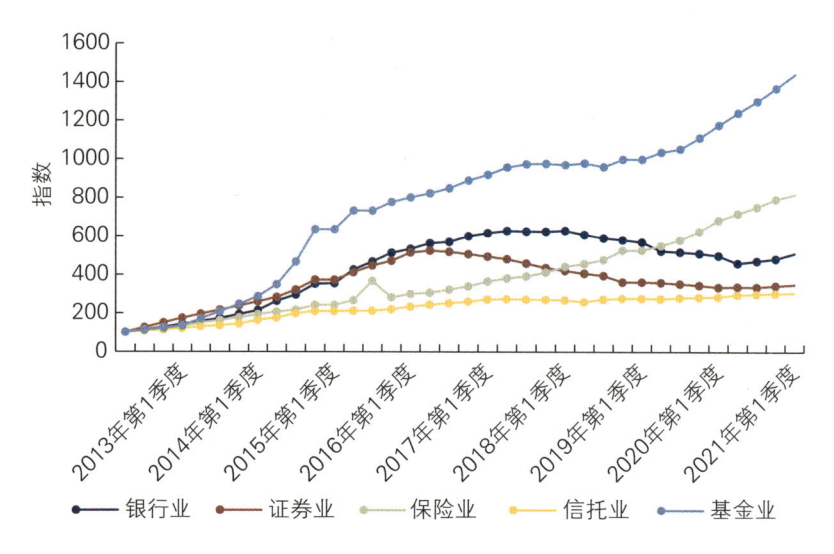

图 1-7　各行业财富管理业务发展指数（2013 年第 1 季度—2021 年第 1 季度）

（数据来源：《关于规范金融机构资产管理业务的指导意见》）

品保有规模来看，有九家银行机构位居前十名（表1-3）。

表 1-3　公募基金财富管理产品保有规模排名（2021 年第 4 季度）

机构名称	非现金类银行财富管理产品保有规模/亿元	非货币类公募基金保有规模/亿元	合计/亿元	评分	排名
招商银行	16576	8701	25277	501.124	1
中国工商银行	17812	5963	23755	495.636	2
中国建设银行	15038	4545	19583	478.524	3
中国农业银行	13825	2253	16078	461.078	4
中国银行	10095	4997	15092	455.331	5
交通银行	11297	3043	14340	451.039	6
兴业银行	11997	1561	13558	446.103	7
蚂蚁（杭州）基金销售有限公司	—	12985	12985	442.058	8

续表

机构名称	非现金类银行财富管理产品保有规模/亿元	非货币类公募基金保有规模/亿元	合计/亿元	评分	排名
中信银行	9491	1408	10899	427.005	9
上海浦东发展银行	7227	1764	8991	409.754	10
中国民生银行	6686	1707	8393	403.728	11
中国光大银行	6660	1080	7740	396.796	12
上海天天基金销售	—	6739	6739	384.316	13
中国邮政储蓄银行	4955	1192	6147	376.240	14
华夏银行	4848	636	5484	366.435	15
平安银行	3903	1503	5406	365.083	16

资料来源：中国理财网。

从保有规模评分来看，银行业平均得分为229.41分，排名第一；其次为第三方机构，平均得分为218.79分；基金业及证券业紧随其后，平均得分分别为143.73分和133.3分。总之，当前银行业在财富管理业务竞争中逐步呈现领先优势，证券业、保险业、基金业等其他金融行业相互竞争，多元化格局逐步呈现。

财富管理风险多样化

金融市场环境的日益复杂对财富管理风险防控提出了更高的要求。金融机构不仅要面临来自外部的信用风险与市场风险，同时还要面临来自内部的流动性风险、合规风险、同业竞争风险以及法律风险等。因此，在当前背景下如何进行风险防范已成为各大金融机构发展财务管理业务的重要课题。

（1）信用风险。债券市场一直是银行财富管理重点布局对象，其信用债是银行债券类资产的主要标的。近年来经济周期下行以及自 2020 年以来全球新冠肺炎疫情肆虐致使国内外经济贸易遭受重创，我国债市"暴雷"事件频频发生。自 2020 年 10 月以来，已发生数次高等级信用债违约事件，导致一些财富管理产品无法按期兑付以及银行理财资金流动困难，增加了银行财富管理业务的信用风险。

（2）市场风险。"资管新规"的实施加速银行财富管理产品的净值化转型，许多银行大幅提升对风险更高的股票、外汇、金融衍生品等的投资。2020 年银行理财市场中有多只财富管理产品净值跌破 1，其中大部分产品配置了权益类资产。因此，在净值化转型背景下，银行财富管理产品面对的市场风险有一定程度增加。

（3）流动性风险。"资管新规"的颁布推动着银行财富管理产品的转型，然而在新旧产品替换过程中，很容易触发流动性风险。由于转型过渡期临近，存量旧财富管理产品压降，银行不能依靠发行旧财富管理产品进行资金兑付，只能通过变现存量资产来兑付。然而大部分存量资产的期限较长或已成为风险资产等，使得兑付资金难以变现，因此容易引发流动性风险。

（4）合规风险。由于财富管理业务面对的客群范围广，涉及财富管理产品种类丰富，往往会出现客户目标要求与金融监管相矛盾的地方。金融机构为了追求更高的利益而突破监管界限，进而引发合规风险。

（5）同业竞争风险。同业竞争一方面能有效提升市场运行效率，另一方面也能助推企业转型，为客户提供更好的财富管理产品与服务。然而面对财富管理业务的人力、资源成本消耗较高的金融服务，如果同质化严重，同业竞争将对金融机构带来更大的损失。

（6）法律风险。金融机构在开展财富管理业务时需注意其将面临的法律风险，如引入第三方机构及"洗钱"问题等。金融机构在开展财富管理业务尤其是私人银行业务时，由于涉及金额大、涉及交易频繁、资金来源渠道广、客户信息保密等特性，使得私人银行业务存在"洗钱"的风险隐患，从而加剧法律风险。

财富管理监管多样化

2018年4月27日，"资管新规"的发布正式拉开了我国资产管理领域改革的帷幕，也标志着财富管理行业正式进入健康发展的新阶段。与此同时，针对银行理财公司、信托公司、基金公司、私募资金公司、保险资管公司、证券公司六大类财富管理机构的规范细则也相继出台（表1-4），协助新规平稳落地，引导行业回归本源，迈向"卖者尽责、买者自负"的健康发展新阶段。2020年7月，中国人民银行等四部门结合市场需求，联合发布了《标准化债权类资产认定规则》，明确标债资产和非标准化债权类资产的界限、认定标准及监管安排，引导市场规范发展。

表1-4　财富管理监管相关法规

发布时间	发布部门	法规名称	核心内容
2018年4月27日	中国人民银行、中国银监会、中国证监会、中国保监会、国家外汇管理局	《关于规范金融机构资产管理业务的指导意见》	按照资管产品的类型制定统一的监管标准，对同类资管业务做出一致性规定，实行公平的市场准入和监管，最大限度地消除监管套利空间，为资管业务健康发展创造良好的制度环境

续表

发布时间	发布部门	法规名称	核心内容
2018年7月20日	中国人民银行	《关于进一步明确规范金融机构资产管理业务指导意见有关事项的通知》	一是进一步明确公募资产管理产品的投资范围；二是进一步明晰过渡期内相关产品的估值方法；三是进一步明确过渡期的宏观审慎政策安排
2020年7月3日	中国人民银行、中国银保监会、中国证监会、国家外汇管理局	《标准化债权类资产认定规则》	明确标债资产和非标准化债权类资产的界限、认定标准及监管安排，引导市场规范发展

资料来源：中国人民银行官网。

从三年过渡期内监管政策的发展态势来看，财富管理监管环境不断完善，行业向着健康稳定的态势发展，财富管理行业的监管范围进一步扩大，监管力度进一步加大。持续完善细分行业操作层面的相关细则，强化市场机构和从业人员的规范和治理，也是监管工作的重点方向之一。2021年12月29日，中国人民银行发布《金融从业规范财富管理》，从服务流程等五个方面界定了财富管理从业者的执业标准，对于我国财富管理行业的发展具有深远的意义，也为从业者的职业规划和能力提升指明了方向。

财富管理协同合作日益密切

财富管理产业生态圈主要由各类财富管理机构组成，各类金融机构间尽管在部分领域因重叠性而存在竞争，但也由于它们在投研能力、客户资源、营销渠道、产品发行、人才队伍、行业协同发展等方面都存在差异性[①]，因而在互补的领域内产生了合作，这类竞合关系将会构成未来长期的财富管理产业格局。

本节首先对财富管理市场上各类较具代表性的主体进行能力分析，梳理各类主体在开展财富管理业务时所具备的优劣势，再根据各自的特点探索优势互补的协同合作模式。

市场各类机构能力分析

1. 银行金融综合服务能力较强，但在产品体系和组织机制方面有待加强

从资管市场规模上看，银行理财始终是市场上的中坚力量，预计未来银行理财仍将保持高速增长的态势。银行在财富管理行业中一直以来就有明显的渠道、客户及规模优势：在渠道方面，线下分支机构数量和服务团队人数远超证券公司、基金公司等其他类型机构；在客群方面，各层级客户的覆盖较其他类型机构也更为全面。

但是，商业银行特别是中小型银行，由于牌照受限，因此产品体系较

---

① 资料来源：《中国财富管理能力评价报告（2021）》中国人民大学国际货币研究所。

为单一，投研实力相对薄弱。同时，银行规模和员工总数都相对较大，加之运营数年甚至数十年，在体制机制方面也表现得相对保守。

2. 基金、证券公司投研能力较强，但渠道能力、客户认可度尚有上升空间

由于股权类理财产品增多，我国居民对权益类产品的关注和参与度进一步提升。基金公司、证券公司由于自身距离资本市场较近，尤其证券公司可以借助自身经纪服务引流，其在权益市场大有可为。在财富管理团队业务能力方面，基金公司、证券公司等在经营发展过程中，形成了具备丰富投研经验的团队，拥有了为客户进行高质量财富管理服务的基础条件和综合能力。在客户基础方面，证券公司的经纪业务能够为其积累大量的中高风险投资偏好的客户资源。在投研能力方面，基金、证券公司具有相对专业的人才队伍，其研究范围广且具有一定深度，其强大的研发能力使得其向高端客户提供优质服务成为可能，以便进一步提供定制化的财富管理服务。

在当前经济和社会环境下，很多金融机构都需要从卖方思维向买方思维转变，基金公司、证券公司需要摆脱过去对客户成交黏性的依赖，转而向为客户做好资产管理为宗旨的服务理念升级。其在财富管理转型过程中遇到的主要问题包括：一方面，产品和金融服务供给丰富程度不够，产品存在严重的同质化现象；另一方面，渠道营销能力欠缺。

3. 第三方机构具备广泛的线上触达性和高度便捷性，但客户基础相对薄弱

第三方机构不同于银行、证券公司等传统金融机构，其客观调研、评价、分析各类金融产品，是能够匹配客户真实需求并能够为客户提供资产规划的中介理财机构。第三方机构以互联网公司为主，其在信息技术和客户流量方面具备优势，在触达范围与便捷程度上具备竞争力。互联网公司

以客户为中心的运营基因，将促进其为客户提供更好的服务。另外，由于第三方机构多是互联网公司，可以更好地服务于长尾市场，因此兼顾了传统机构难以服务的对象。

然而，相对于传统商业银行、证券公司，由于第三方机构起步晚、发展历程相对较短，使得其客户基础不如传统的财富管理机构。

资源整合，协同合作

在当前情况下，财富管理机构正面对着庞大而又快速增长的客群和资产管理规模（AUM），并且客户需求日益多样化，只依靠单一财富管理机构为客户提供服务的模式存在明显不足，因此应该与其他财富管理机构形成合力，串联起整个市场的优质产品和服务，形成以客户为中心的从资金端到资产端的全方位、多角色主体生态圈模式，同时各方还应该充分发挥客户、渠道、网络等方面的优势，通过彼此资源和服务互补，做好资源整合与协同运作，通过打通财富管理业务价值链的上下游，形成完整的大财富管理生态圈。以银行、证券公司、保险公司、基金公司、投资公司、信托公司、第三方机构等为代表的机构，正在积极寻求跨机构协作，以下列举几种较为主流的协同合作模式。

1. 开放平台

大型商业银行把行内的所有力量，包括产品、活动推广、内容产出、风险控制、大数据挖掘等进行融合，并通过财富开放平台逐步对外开放给其他合作金融机构，使银行本身从平台化和智能化逐步走向生态化，从而更好地链接客户和金融机构，为客户提供更优质服务。合作金融机构通过入驻财富开放平台，不仅得到了更多客源、更大流量和更广的发展前景，更重要的是，通过更加直接、密切的沟通与交互，增进了合作金融机构对客户的认识，并更有针对性地设计产品、进行投资与运营管理。

2. 多元化合作

随着客户需求的逐渐多样化，例如，高净值客户往往对隐私性、专属性和专业程度有较高需求，同时对信用卡、支付结算、健康保险、家族信托和出国留学等金融产品也有需求。一些拥有多牌照机构的金融集团纷纷开始加深集团内部协同，力求突破集团内部客户信息壁垒、建立集团内部客户资源转介等协同合作制度，最大限度地挖掘潜在客户资源，构筑自身财富管理"护城河"。而另一些机构则选择寻求资源互补，通过客户引流、产品互补、技术支持等手段，与其他持牌机构、金融科技公司等一起，携手构建更开放创新的财富管理生态圈。

3. 运营服务委托

银行在开展财富管理业务中，在渠道、客户等方面都具备着先天的资源优势，而公募基金公司则凭借长期积累形成的主动运营意识和能力，在投研、市场化运作、净值化运营和信息系统建设等方面都具有先发优势。对能力有限的银行来说，应通过合作来充分利用公募基金公司的资源优点来克服自身缺陷。目前，在海外金融市场，将资管机构的运营外包给专门的管理公司，能够实现规模化、标准化的运营，从而明显减少财富管理业务的运营成本，提高整体效率和效益。随着全面净值化经营时期的来临，对部分银行来说，平台建设周期长、投资大、操作人才专业性水平欠缺等问题短期内无法有效克服，故由专门的经营服务机构配合是性价比更高的策略。

财富管理模式多元化

当前我国财富管理客户群体呈现年轻化、多元化趋势，其目标除创造财富、累积资产之外，同时也需要对各种类别的动产、不动产，甚至有价证券等资产进行综合规划与配置，这意味着我国财富管理的需求已经变得多元化。

多元化的财富管理需求催生出了多样化的理财方式。目前，我国居民所拥有的投资产品种类相比发达国家市场明显偏少，预计我国资产管理市场人均金融资产品类将会持续增加，市场资产配置结构多样化进程也将继续加快。本节将着眼于多样化的财富管理产品类别，从传统财富管理、新兴财富管理、互联网财富管理、境内外机构财富管理四方面来介绍财富管理模式。

传统财富管理

新冠肺炎疫情使得财富管理线上线下加速融合，传统和新型金融服务产业的交融竞争，标志着我国财富管理市场的崭新开始。传统理财产品包括定期存款、银行理财、基金以及黄金等。

1. 定期存款

作为最传统的理财产品，定期存款属于最稳定且风险最小的投资品种，但其收益率较低。定期存款有固定投资期限，一旦中途支取，利息就会以活期计算。随着国家降息政策的不断出台，定期存款的收益逐渐降低，因此无法吸引追求高收益的客户群体。

2. 银行理财

银行理财相对定期存款收益较高。在"资管新规"出台以前，此类理财细分为保本和非保本理财产品，客户普遍倾向于购买保本类理财产品，因其基本无风险且收益稳定。但在"资管新规"出台之后，监管要求银行理财"破除刚兑"，现有的金融理财产品销售均向非保本类转型，以净值型产品居多。净值型产品和传统保本型金融理财产品最明显的区别，就是净值型产品不设定预期收益率，到期后按照产品实际市场投资报价来测算客户收益，银行并不保证固定收益。

3. 基金

理财市场中最普遍的产品类型为基金，包括货币型基金、债券型基金和股票型基金，其中货币型基金投资风险相对较小，收益率水平整体稳健，申购赎回操作便捷且投资门槛低。债券型基金是指以债券投资为主的基金，主要投资对象为国债、金融债、企业债和公司债等，收益相对稳健。股票型基金是以购买股票为主的基金，是高风险高收益的投资理财产品。

4. 黄金

黄金作为一种长期保值增值的理财产品，深受我国居民的喜爱。由于黄金是一种硬通货，一般来说，价格会随着通胀上升而上涨，长时间来看是抵御通胀风险的极佳投资品种。同时因为黄金具有避险属性，在全球政治不稳定时期，许多投资类型如股市投资、房地产信托投资等都会遭遇比较剧烈的波动，而作为避险资产的黄金，会获得大量资本的青睐，价格不降反升。当前金融市场上有不少金融类黄金产品，如银行发行的纸黄金、基金公司的黄金交易所交易基金（Exchange Traded Fond，ETF）等，不需要储藏实体黄金且买卖方便。

新兴财富管理

对于我国高净值群体，传统金融机构，如银行、保险公司、证券公司等一直是他们首选的财富管理机构。但随着信息技术和全球经济的发展，高净值群体对资产管理的需求也越来越多元化，近年来新型财富管理机构的蓬勃发展表明，传统金融机构已经没有了市场绝对优势。从需求角度看，高净值客户的消费需求变得更加多元化；从供给角度看，传统金融机构自身存在发展局限，难以跟上高净值群体数量的剧增以及需求的变化。当传统金融服务和产品无法满足客户需求时，新兴金融产品便应运而生。

典型的新兴金融服务产品包括现金管理、年金、资产证券化、投资、融资、租赁、代理等。现金管理，是指可以进行现金管理服务的理财产品。年金是指在特定时间内等间隔期等额收付的系列款项，具有等额性和连续性特点。资产证券化是指通过投资银行将某企业的某种资产用作抵押担保所进行的证券发行，以进行融资。

互联网财富管理

传统财富管理产品主要通过金融机构网点进行线下销售，但线上金融财富管理产品由于其不受时空限制的便捷性，给投资者们提供了一个琳琅满目的线上财富管理产品超市。虽然我国线上财富管理市场起步不久，但在金融科技推动下，智能化、个性化的资产配置服务逐渐兴起。

从线上线下产品的收益对比看，与未购买线上财富管理产品的投资者相比，参与线上投资的投资者既降低了风险，又取得了相对较高的收益。线上产品既为投资者提供了更加便捷的投资渠道，也拓宽了投资者获取信息的渠道，这有助于提升投资者的金融素养，进而促进投资者资产配置的均衡化。

此外，新冠肺炎疫情期间，由于大量金融机构的线下网点被迫停业而无法直接触达客户，导致传统财富管理行业在产品营销、售后服务等方面，均遭受了一定程度的负面影响。而线上财富管理服务的无接触性、方便快捷等优点也在新冠肺炎疫情期间得到了进一步的体现，线上财富管理投资、征信、保险理赔等服务得到了快速发展。

境内外机构财富管理

1. 境内机构财富管理产品

目前，我国财富管理市场尚处于发展的初级阶段，并面临着产品和服务高度同质化以及投资工具类型相对匮乏等问题。而拥有国外成熟财富管理服务经验的金融机构，由于受到政策、经济、社会文化等方面的限制，无法在我国开展服务，因此只能提供部分境外业务服务。为规避相关监管、获取牌照和集成其他金融机构优势资源，银行、信托公司、保险公司、第三方财富管理机构、证券公司、基金公司以及金融租赁公司等一系列金融机构进行了深入的合作。

2. 境外机构财富管理产品

境外发达国家银行业可提供的财富管理产品类别十分广泛。一方面，财富管理与客户深度融合，财富管理不仅涉及资产评估、协助客户分析家庭资产负债表，制订资产配置与投资管理方案，制订全方位的财富规划，而且还包括税务规划、教育支出理财规划、遗产规划、商业融资规划等；另一方面，财富管理的产品品类丰富，客户选择面广泛，主要产品类型涵盖各种金融资产、员工福利、养老金计划等。

财富管理客户需求新趋势

新冠肺炎疫情使得大众生活方式发生了巨大改变，线上线下新产业的出现、大企业和新势力品牌的百家争鸣，标志着一种全新财富管理市场的开始。由于国内外经济环境的复杂性，财富管理市场也面临着诸多不稳定因素，准确地抓住客户需求，洞悉未来财富管理市场的发展需求，在变化中把握投资者心理，是发展财富管理业务的关键所在。

创富一代成为财富管理主力

我国经济已步入新旧动能转变的"新经济常态"，数字化加速转型。由于新企业、新产业的迅速成长，通过股票、期货增值而导致个人财富增加的人群也明显增加，企业高层管理人员和专家在促进公司成长过程中实现了自身增值和企业价值的同步提升，从而出现了新富人群大量涌现的现象。随着创富一代人群年龄的逐渐增长，第二代继承人也逐步成长起来。传统创富一代年龄在40岁以内的高净值人群的比例不断降低。但在新经济、新产业高速度发展的推动下，年轻群体的创富速度大幅提升，年龄在40岁以内的高净值人群中新富人群占比大幅上升，已经成为高净值社会人群的中坚力量。

财富管理需求面不断扩大

多元化的财富管理客户群体导致客户需求已经由个人的财富管理需求扩展至家庭、公司以及社会的财富管理需求：

（1）个人的财富管理需求包括个人财富管理、高端生活体验、税务法律咨询等全面财务和非金融服务等。

（2）家庭的财富管理需求包含子女教育、代际继承、家庭财税法律咨询、家庭服务等。

（3）公司的财富管理需求包含项目投融资、企业并购增值服务、公司财税法务等。

（4）社会的财富管理需求包含社会投资计划、慈善机构及社会公益基金、慈善业务内部的公益性要求等。

以下从财富管理需求种类来分析财富管理客户需求多元化，以家庭教育的财富管理需求和公司资金的财富需求两方面为例，对财富管理需求进行展开说明。

1. 家庭教育的财富管理需求

高净值群体的多元财富分配能力较强，对家庭中孩子的素质教育和代际遗产配置需求的迫切性与重视度较明显，但各个群体在传承发展政策和社会家庭的共性需求等方面也存在着不同要求，创富一代更重视继承人管理、人才培育和人生计划等；新经济人群虽然也关注子女教育和人才培育，但其财富管理需求更加偏向教育规划与知识整合。

2. 公司资金的财富管理需求

高净值群体的公司财富管理需要随着公司发展模式和创富来源差异而有所区别。因此，创富一代对公司的资金和贷款方案等要求较高；新经济人群则对多样化的投融资、国际股票解禁后投资安排与计划、企业并购等有明显需求。

根据相关统计，在2021年高净值人群投资需求画像中（图1-8），家庭财富管理需求占比高达58%，其后依次是企业和社会的财富管理需求，占比分别为34%和28%。个人财富管理需求方面，国内外的高级医疗资源链接与服务、个人高级生活方案、个人涉税法律问题等咨询以及境内外的高档差旅等非金融需求也开始增加。

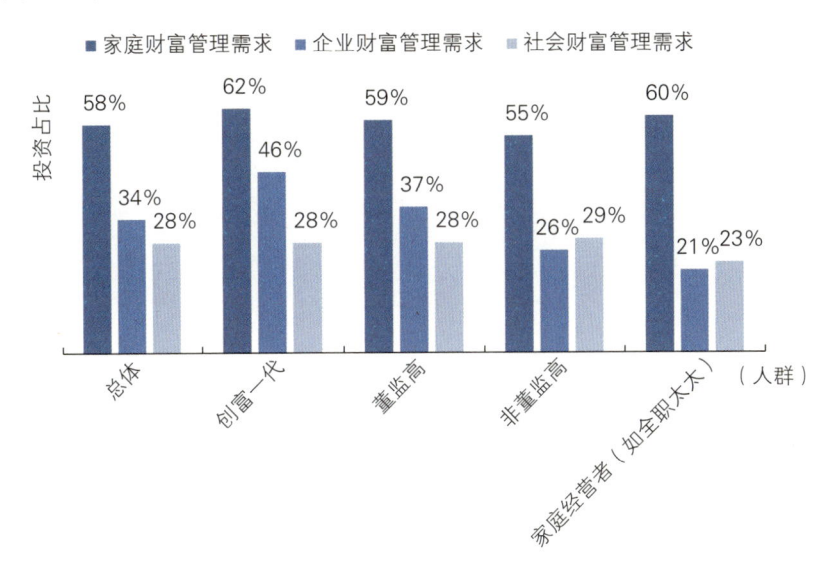

图1-8 财富管理需求按人群类别分析

（资料来源：招商银行－贝恩公司高净值人群调研分析）

新经济人群的财富管理需求特点

以下从财富管理客户群体类别来分析客户需求多元化。我国传统经济和新经济人群对新产业服务的接受度、财富管理需求都存在差异。相较传统创富一代，新经济人群的财富管理需求有以下特点：

（1）新经济人群对新型商品与另类资金的需求和接受度更高，其中具有参与全球市场新兴热点、热门商品投资需求的群体占47%。

（2）新经济人群对金融市场资讯和财富管理知识辅导与培训的热情更高，其中对金融市场和财富管理市场热点资讯与洞见有需求的群体占43%。

（3）新经济人群的法律财税服务要求更多地与企业股权结构等法律安排有关，而传统一代则与个人财产继承税收筹划等问题有关。

（4）新经济人群更追求个人事业发展与生活品质的匹配平衡，对个人"个性"与定制性有着更多需求，个人的高级生活需求约占32%。

财富管理智能化

人工智能、大数据、区块链以及云计算等先进技术在金融领域的广泛应用，表明财富管理进入了新阶段，是其垂直精准发展的新过程，说明智能化对金融业创新和业务转型的影响更加突出。目前来看，大力发展金融科技，将有助于改善金融环境、实现技术创新，并进一步激发我国金融市场的活力。此外，通过智能化、精准化和个性化定制，改善和升级传统金融机构的业务模式，直接为最终客户设计金融服务产品，以形成财富管理、结算、量化投资和智慧投顾等具体手段，来促进业务经营效率的提升，增强行业竞争力、优化金融业结构。

金融科技赋能财富管理

随着计算机技术逐渐渗入服务业，极大地提高了服务效能。例如，将移动计算与大数据的财富管理相结合，以培养投资者的信心；为个人客户引入智能投资顾问，以提高客户维护和监控资产管理的效率。

（1）银行有从机构和行业中提取内部和外部数据资源的能力，充分利用大数据技术取代手工整理数据的低效手段。成熟多维的大数据技术通过自动化的数据分析技术，从项目选择、盈利能力和风险预防的角度对传统行业、新兴行业的数据进行清理和分类，为财富管理投资者提供个性化、及时、主动、有效的理财服务。

（2）银行通过建立独立的数据库系统，提取各种数据，包括客户消费数据、客户投资数据、与风险预防和控制相关的数据等。通过交互分析确定客户的投资需求,为客户提供个性化定制的、精准的多维财富管理产品和服务。银行须持续监控和梳理客户数据,并向客户提供关于产品收益、风险预防等方面的建议。

(3)银行可以引进新一代人工智能技术,以改进服务途径和服务方式,减少银行在客户沟通方面的成本,并更加高效地发现和满足客户的财富管理需求。在银行服务体系中,通过人工为客户提供基础服务,进而再运用人工智能技术提供更为复杂、人性化、专业化和智能化的服务。

(4)银行运用监管科技手段构成合法合规框架,保证监管合规。银行建立更好的金融监管框架,转变和改善银行的整体监管体系,为更加公开、透明、合规地提供财富管理产品和服务梳理更加智能化的监管框架。

目前,商业银行财富管理业务主要呈现两个趋势:一是平台化,各家银行均将大财富作为重点发展板块,纷纷搭建开放型财富管理平台,以引入优质产品,吸引合作机构,并满足客户多元需求。二是智能化,各银行加大科技投入,建立系统中台,加强数据分析,优化流程,赋能客户,一方面提升投资体验,另一方面助力营销,以科技赋能提升服务效能。

金融科技赋能财富管理平台化

1. 革新销售模式,建立数字化平台

传统的银行理财产品销售模式,大多依赖于网点客服人员和客户之间的面对面沟通。新冠肺炎疫情使部分习惯于线下受理银行业务的中老年客户逐步接触线上购买理财产品的新形式,而银行理财服务也因势而动,构建互联网数字化营销模式。在新一代互联网数字化销售中,应充分利用智能技术,根据银行业务要求,灵活而个性化地赋能投资者。

具体来说，通过丰富前台页面，优化银行 App 生态圈，更有效地触达消费者；通过建立智慧数据中台，如智慧销售、智慧风控、智慧客户服务、智慧决策等，充分发挥平台的资源整合能力和数据分析能力；增强后台数据分析运营管理能力，提高内部作业效能。总之，通过前中后台的闭环运作，实现完整的数字化销售。

2. 建设开放产品平台

全产品体系支撑客户资产配置：随着我国居民资产配置方式的逐渐丰富，传统金融机构的自有资产较难适应用户分散和多样化的资产配置需要。中国银行业协会的统计数据表明，70% 以上的超高净值客户都愿意与三家及三家以上的金融机构合作，以满足自身资产多元化配置的需要。对于财富管理机构来讲，它们可以搭建汇聚市场优秀产品和服务的平台，进而综合银行、证券公司、信托公司、资管公司、保险公司等财富管理机构各自产品的优势，以满足客户的多元化资产配置需求。

由于客户需求公私一体化，财富管理机构应围绕客户所在的生态体系，围绕资金管理、投资管理、继承和遗产规划、税务规划以及投融资等领域搭建跨业务的产品供给体系，将资产组织能力、理财业务的资产配置能力、金融市场业务的渠道销售能力、零售业务的客群建设能力进行充分结合，链接全社会的资金和资产，为客户提供一站式金融与非金融服务平台。

3. 建立开放银行体系

以客户为核心，打造生态化产品，实现场景式的金融服务。其内容要围绕市场、客户诉求和痛点，尽量多样化，具体有如下几种做法。

（1）银行应发挥资源优势，并突出特色。商业银行应在金融服务领域，内部整合创造更为丰富的金融服务品种，根据客户需要快速发展业务。非金融机构方面，也可以充分发挥产融结合的优势，在各类业务场景中突出特色，为个人客户提供全方位的综合资产服务。

（2）要丰富高频生活情景，以提升对客户的吸引力。和互联网企业一样，非金融生活场景是传统商业银行的弱项，传统商业银行应该针对自身资源禀赋，选择一些重要的高频生活情景，早突破早获利。

（3）围绕细分客群构建"微生态"。一方面，可纵向地将客户划分为基本客户、高净值客户和私行客户等；另一方面，可侧向将客户划分为有房客群、有车客群、银发客群、年轻人客群、出国客群等。在此基础上创造个性化产品与服务，逐步建立"房生态化""车生态化""银发生态化""年轻人生态化""出国生态化"等"微生态"。

（4）要完善零售与金融服务全产品的线上化，丰富线上金融服务场景，以提高线上化推广、宣传与交易水平。

（5）要调动分支行的工作积极性，导入本地化业务元素，以提升网络平台与全区域商户之间的黏性。

金融科技赋能财富管理智能化

1. 利用金融科技提升财富管理效能

在当前经济社会信息化高速发展的背景下，银行须全面拥抱金融科技，并遵循"整体规划、分步实施、快速迭代、系统整合"的方式，有计划逐步地建立健全技术体系，提升财富管理系统业务效能。

在具体执行层面，银行首先应从策略层面建设全面的财富管理体系技术框架，并确定建设时序和步伐。其次整合既有技术体系职能模块，统一信息技术环境标准，进一步集成和优化行内的原有体系。通过分阶段开展建设，使得财富管理系统功能优先实现，如营销端的客户画像、客户关系管理功能，以及生产端的评估、交易、清算功能等；而到平台建设中后期，可逐步开展智慧客户服务、智能投顾、投研、业绩分析等系统功能模块。

2. 利用金融科技拓展财富管理业务边界

（1）金融科技赋能内部团队。财富管理人员应提供销售信息，并使用资产配置等智能系统工具，在专业赋能咨询团队的同时，为财富管理团队提供资金策略、组合管理、客户维护、资产委托等智能化咨询服务，帮助团队更快速、精准地了解客户。

（2）金融科技赋能用户体验最优化。银行可通过网络信息，以相对较低的成本为中产、大众长尾客户进行投融资提供服务，从而有效降低资本端和资本端之间的投融资交易门槛，进而扩大了财富管理工作业务的服务规模；还可通过提供专业性的智能资本分配技术工具、远程财富系统等数字化技术经营途径，给客户带来智能的财富管理感受，以此提高客户满意度。

我国当前发达的网络信息服务产业以及高速进步的科技水平，使智能投资咨询为代表的网络金融正在快速发展，并迅速培育起了大批新客户。从客户群体上分析，网络财富模式和以投资咨询为核心的传统经营模式是优势互补大于竞争的关系，彼此都无法完全相互取代。

（3）金融科技赋能、边际成本最小化。银行可利用技术优势，为传统投资顾问方式无法触达的长尾客户群体提供服务。金融科技在帮助长尾客户提升金融服务普惠性方面正在发挥更大作用。和传统财富管理顾问模式所需昂贵的人工成本不同，金融科技对金融服务的资金投入大多用来支持公司初期的体系构建，以及系统建设等项目。如果系统运作成熟，每服务一个新客户的边际成本就变得更小，使得客户享受智能化财富管理市场准入难度变得相对较小。

在我国创新创业战略指导下，我国金融业高新技术的迅速发展为众多财富管理机构提供了全新的发展机会，各财富管理机构都需要充分发挥利用我国金融业高新技术的成果，高效进行以客户需求为主要中心的财富管理产品研发，高效地推进财富管理业务效率提升，合理减少运作成本。同时，银行将充分运用大数据处理的优势精准刻画客户特点与需求，更加智能、精准和无感地服务于财富管理客户，以获得广大客户的信赖与认可。

第二章

我国银行财富管理业务现状

我国银行财富管理基本情况

我国银行财富管理现状

1. 市场规模

银行的理财业务不仅是银行零售业务的重要组成部分，在当前我国财富管理市场中也占据着重要地位。传统银行业可以凭借国家信用背景的优势，开发大量忠诚的客户群体，从而向理财领域进行拓展。近年来，银行理财产品在传统银行财富管理业务中的比重不断上升，逐渐成为我国财富管理市场发展的重要力量。随着我国金融财富的不断积累，财富管理业务的范围逐渐扩大，规模逐步提升，发展态势趋于稳健。

2007 年年底，我国银行理财规模仅有 5000 亿元的水平，到 2009 年年底突破万亿元。在这之后理财规模的增速便一直保持着强劲的势头，于 2015 年年底实现了突破 20 万亿元。即使自 2019 年以来，在国内外经济环境和国际形势不确定导致全球经济增速放缓的情况下，我国经济依旧保持着强劲上升势头，财富市场规模也在不断扩大。相比其他金融机构，银行占据了财富管理市场中的较大份额。根据《中国银行业理财市场年度报告（2021 年）》，截至 2021 年年底，我国银行理财市场规模达到 29 万亿元，同比增长 12.14%；全年新推出理财产品 4.76 万只，募集资金 122.19 万亿元，全国范围内为投资者创造了近 1 万亿元的收益。2019 年至 2021 年银行理财产品的存续规模在与公募基金、信托、保险资管等其他资管产品对比之中连续三年位居首位（图 2-1）。

图 2-1　银行理财产品、公募基金、信托、保险资管存续规模占比走势

（数据来源：《中国银行业理财市场年度报告》）

年份	银行理财产品	公募基金	信托	保险资管
2017	36	19	42	3
2018	37	21	38	4
2019	38	23	34	5
2020	38	26	30	5
2021	36	32	26	6

2. 需求端现状

社会财富格局的改变，理财意识的逐渐提高和理财需求的逐渐扩大，为财富管理业务提供了现实的需求和发展平台。根据《2019 中国私人财富报告》，2018 年我国可投资资产 1000 万元以上的高净值人数达到 197 万人，共持有 61 万亿元的可投资资产。在 2019 年，我国前 1%、10% 头部人群的财富份额在居民财富总份额中占比已分别达到 30.3% 和 59.9%。

在资本市场不确定风险下，高净值人士更注重自身资产的安全性以及自身财富的保障，因此会倾向于寻求财富管理机构的专业服务。由此，财富管理业务的发展已经成为金融行业发展的必然趋势。然而，目前我国财富管理市场在产品和服务等方面还存在许多不足。例如，财富管理市场的产品种类仍相对单一，服务种类、模式还不够细分，导致目前的产品体系还未能满足不同层级客户的差异化需求，尤其是中高端投资者的个性化需求。而银行作为财富管理市场中的主力军同样存在这些问题，导致其财富管理业务的规模和能力还远远不能满足我国高净值人群的市场规模和需求。中国高净值人群可投资资产规模见图 2-2。

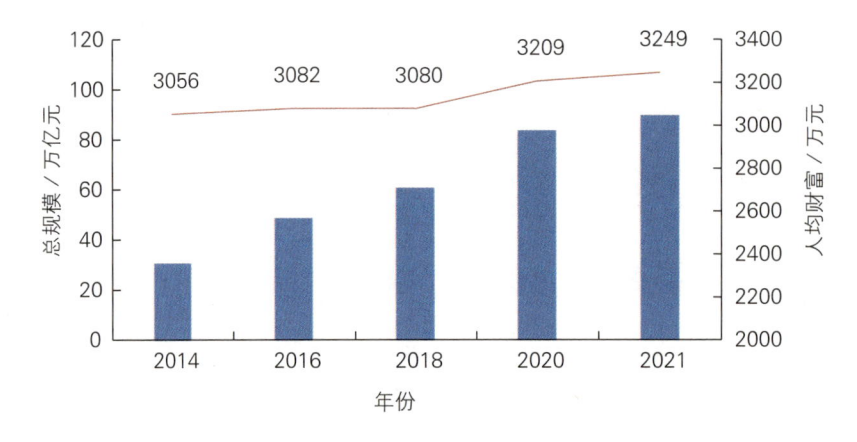

图 2-2　中国高净值人群可投资资产规模

（数据来源：各年《中国私人财富报告》）

我国财富管理业务市场有着巨大的发展空间。《瑞信全球财富报告》显示，2019 年我国中产阶级人数达到 1 亿人，位居全球之首。我国居民个人财富不断积累使我国早已成为财富高度密集的国家之一。居民可支配收入在不断提高，根据国家统计局公开数据，2019 年我国居民人均可支配收入达 30733 元，首次突破 3 万元，贫困人口的数量在不断减少，向着共同富裕的目标稳步推进。发展财富管理业务成为银行必须抓住的契机。财富管理业务的目标客群不仅限于城镇居民，农村居民也逐步成为财富管理业务要关注的庞大客群，近年来农村居民的收入在不断提高，理财理念在社会越来越流行，农民的理财意识有所提高。从居民可支配收入角度来看，2019 年农村居民人均纯收入突破了 1.6 万元，连续 10 年增速高于城镇居民的纯收入。

银行理财业务另一大受众则是老年群体，出于对老年后的生活保障和资产管理担忧，老年群体更希望通过合理规划财产配置达到规避风险、保值增值的目的，也因此更倾向于向专业的财富管理机构寻求帮助。我国人口老龄化的速度明显加快，老龄化程度继续加深。根据国家卫健委《2020年国家老龄事业发展公报》，至 2020 年，我国 65 岁以上老龄人口就已经达到 1.91 亿，占总人口比重的 13.5%。联合国预计，到 21 世纪中期，我国超过 60 岁的人口将接近 5 亿，而美国的人口总数也不过 3 亿。据预测，到 2050 年，我国老年人口数几乎占全球老年人口总数的四分之一，根据人口老龄化划分标准，届时我国将成为超老年型国家，图 2-3 显示的是近 20 年中国 65 岁以上人口比例。

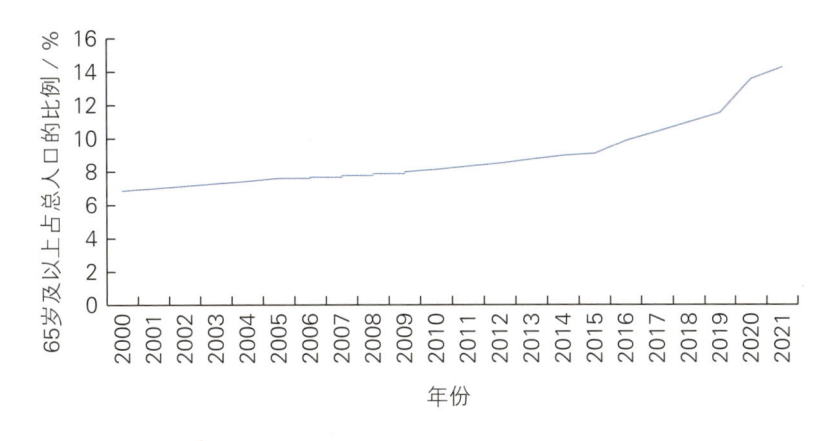

图 2-3　近 20 年中国 65 岁以上人口比例

作为全球人口老龄市场最大的国家之一，面向老年人的财富管理业务对我国银行来说有着巨大的发展空间。伴随老龄化速度的加快，老年客户群对退休养老金、应急准备金等需求越来越大，对专业的资产和负债管理体系更加重视，对老年生活的保险基金和财富的保值增值要求更高，进而推动我国银行财富管理市场的发展壮大。

3. 供给端现状

银行理财的收益往往会高于银行存款收益，并且在国民心中银行有信誉保障，能更好地保障居民的财产安全。凭借这些特点，在与其他金融机构的理财产品竞争时，银行的理财产品在持续开发客户理财需要方面更具有优势。2021年作为"资管新规"过渡的最后一年，在银行理财产品刚性兑付被打破趋势下，我国银行理财产品正向着净值化、透明化、专业化有序推进。银行理财在实现业务规模稳步增长的同时完成了对业务结构的优化，在重视业务质量发展的同时实现了效率的提升，取得了良好的改革效果。

在国民经济持续稳定恢复背景下，我国银行财富管理业务发展迎来新高潮。各大商业银行竞相争夺市场份额，促使财富管理产品的服务体系不断完善。在财富管理转型之路中，各银行开始对零售金融组织架构进行调整，从传统的关注个人存款转向关注零售管理客户总资产。例如，招商银行将业务经营的重点从银行资产负债表转向客户资产负债表，并在2020年年报中提出"大财富管理价值循环链"概念。从各行2021年年报数据来看，各行的管理的零售客户总资产和个人存款规模普遍呈现出增长的趋势。例如，六大国有银行之一的中国工商银行以16.96万亿元的管理的零售客户总资产位居首位。招商银行的管理的零售客户总资产突破10万亿元，招商银行又以1.73亿户的客户数量遥遥领先，大大拉开与其他股份制银行的差距。六大国有银行中，中国农业银行的零售客户最多，为8.78亿户。总的来说，目前我国银行财富管理市场可以看作是由大型银行发起引领，中小型银行更加积极跟随其后的发展态势。表2-1显示了中国工商银行、中国农业银行、招商银行、平安银行零售AUM及客户数量。

表2-1 中国工商银行、中国农业银行、招商银行、平安银行零售AUM及客户数量

银行	零售AUM/万亿元	零售客户数量/亿户	个人存款同比增长/%
中国工商银行	16.96	7.04	7.2
中国农业银行	16.38	8.78	9.4

续表

银行	零售 AUM / 万亿元	零售客户数量 / 亿户	个人存款同比增长 /%
招商银行	10.76	1.73	12.77
平安银行	3.18	1.18	12.5

数据来源：各银行 2021 年年报。

我国银行财富管理发展趋势

在我国经济结构化转型、利率市场化深入改革背景下，短期利率市场波动将会更大。这意味着商业银行存贷利差收窄，利差收益的不确定性加大。这种传统的盈利方式无法适应新型经济结构，正在逐渐瓦解。银行为了争夺市场份额，持续提高储蓄利率，降低贷款利率，这种做法必然会使银行利润随之缩减。在大资管背景下，越来越多的银行和非银行的金融机构将财富管理业务视为重点发展的业务之一。

当前的财富管理市场相对同质化，大型理财机构设计生产的理财产品之间差别不大。随着互联网金融的快速发展，银行客户财富分配需求更加多样化，银行需要不断提升定位客户的能力，在财富管理规划、产品性能和服务质量等方面有待进一步提升。针对不同类型客户，银行需要定制不同组合的理财产品，提供有针对性和差异化的产品和服务；有效利用计算机和网络中的信息，增加对信息化建设的投资，提升财富管理服务效率；通过利用金融科技中智能化营销的手段匹配客户，满足客户的财富管理需求，通过自动化流程提高风险控制水平，将可视化的数据运用到业务中以提升客户体验。

当前国家各项政策为银行业财富管理发展带来了诸多市场机遇，未来我国还将继续提高对外开放水平，推进人民币国际化进程，构建开放型新经济体系。银行则应该把握住国家经济发展大势，通过设计并推出创新理财产品，为新型经济发展提供更好的服务。同时，财富管理业务特点在于重配置轻交易，投资者为理财业务中主要的风险承担者，这也要求银行有更高的市场风险控制能力。银行在为客户平衡把控风险与收益时，还需要对未来财富管理业务的流动性状况进行预测。形成在宏观与微观层面的双重保障，全面提升银行的服务能力。

我国银行财富管理战略定位

"以客户为中心"始终是财富管理业务的核心理念,作为财富管理市场的主要参与者,银行既要在不断变化的市场中求变求稳,也要始终坚持以客户为中心,专注于保护与管理客户的财富,在金融服务实体经济发展中发挥更大的作用。

在财富管理竞争加剧的背景下,传统的"以产品为导向"的模式对财富管理机构来说难以持续,"以客户为中心"的模式日趋清晰。当前我国银行财富管理以服务个人客户为主,客户服务相对简单,即为一般客户提供标准化的金融服务解决方案,为高净值和超高净值客户定制专属服务方案。进行差异化定位客群,提供相对应的价值产品,这些都有助于银行在财富管理行业竞争中取得优势。本节选取中国工商银行、中信银行、杭州银行分别代表六大国有银行、股份制银行以及城商行,分析不同性质的银行对财富管理业务的价值定位、产品及渠道、服务和品牌战略,了解目前我国银行财富管理业务的整体定位。

价值定位

"在提升金融服务灵活性和竞争力的前提下,做到助民向上、惠民向好、利民向优",是中国工商银行对其财富管理业务的定位。在 2019 年的业绩报中,中国工商银行公布打造"第一个人金融银行"的新战略。中国工商银行发布的 2021 年业绩报显示,截至 2021 年年底,个人客户数量突破 7 亿户，管理的零售客户总资产规模逼近 17 万亿元，利润贡献率由 2020 年的 44.5% 提升至 46%。由此看来，中国工商银行目标客群主要定位在个人客户，在重点建设个人客户生态体系过程中，财富管理也逐渐成为发展个人金融业务的重要领域。中国工商银行在个人客户领域的业务布局已取得显著成绩，立足新发展格局下高净值客户的金融服务需求成为中国工商银行下一步布局的重点。

中信银行旨在为客户提供更优质、更先进的资产管理服务，满足客户全生命周期的财富管理需求，将财富管理业务定位在走向善之路。商业银行的财富管理拥有巨大的流量，但不是通过销售金融产品实现流量变现的传统售卖业务，而是应该以经营深厚的客户关系为出发点，全力聚焦服务客户群体，构建专业化服务体系，提升专业服务能力。中信银行在转型之路上能有不俗的表现，一部分原因就是其在客群建设上搭平台、建渠道、优体系，付出了足够的努力。近几年，财富管理业务已成为中信银行的核心业务之一，未来中信银行将进一步细化零售战略，朝着净值产品转型稳步推进，致力于全面打造财富管理的品牌优势。根据中信银行 2021 年年报数据，财富管理规模已达到 3.66 万亿元，大财富管理收入增长 56.2%，零售客户总资产规模达 3.5 万亿元，零售业务实现营业收入 825.6 亿元，同比增长 3.7%，说明其财富管理业务能力在持续显著提升。

作为城商行，杭州银行自成立以来，始终以服务"区域经济、中小企业和城乡居民"为己任。对于中小型银行来说，发展财富管理面临各种困难。与国有银行和股份制银行相比，由于城市商业银行基金中的基金（FOF）、管理人的管理人基金（MOM）的投研团队实力较弱，人才匮乏，因此很难满足客户多重配置需求。杭州银行将零售业务的转型重点放在财富管理业务上，在其新五年规划里确立了制胜财富业务的目标，重新组织客户服务模式，强调全生命周期的产品提供。杭州银行将财富管理业务作为核心业务，加快推进财富管理业务布局，构建系统化、分级化的财富客户管理体系，其财富管理能力居于同类城商行前列。根据杭州银行 2021 年年报数据，近年来杭州银行零售客户总资产余额呈现逐年上升态势，到 2021 年年底，杭州银行零售客户总资产余额 4242.31 亿元，较上年末增长 417.30 亿元，增幅达 10.91%。

产品及渠道定位

中国工商银行处在我国银行财富管理业务发展的第一梯队，自 2001 年获得代理开办基金业务以来，通过不断提升产品销售和服务能力、加强渠道建设，财富管理业务稳步向前发展，已成为公募基金投资领域居民财富管理的先行者。

从产品体系来看，中国工商银行致力于发展数字化，丰富产品形态，为客户提供更多的投资工具。在 2018 年，中国工商银行推出了人工智能（AI）指数产品，针对不同风险承受能力的客户提供不同的投资组合，有效地为客户规避了市场风险，业绩表现也超越了市场同类产品。这也意味着 AI 指数产品不同于传统的基于交易的销售模式，它提供了适当的资产组合，以满足客户的需求和期望。从单一的产品营销到全产品组合服务，中国工商银行专注于基于提供给客户投资建议和改变客户需求的资产配置，打造资产组合模型、全市场产品，建立财富管理的新生态。

中信银行一直抓住客户这个重要基础，即使在产品数字化转型的道路上，也以客户为转型的起点和驱动力，使得财富管理服务能够更好地匹配客户。2020 年，中信手机银行 App 推出针对客户资产的"财富体检"功能，根据客户的资产水平、风险偏好和生命周期特征，动态关注客户资产配置情况，据此更有针对性地为客户提供资产配置建议和推荐产品，满足不同客群的需求并实现精准营销。作为我国最早发展老年客户群的商业银行之一，中信银行在过去十年间一直为老年客户打造专属服务体系，在帮助老年人适应数字化改革中，推出手机银行的老年专属版，体现出有温度的服务理念。

在净值化转型的背景下，虽然城商行产品体系较为单一，理财产品的布局尚不够完善，但是他们使用金融科技、大数据、"互联网+"等技术积极推进转型。以杭州银行为例，作为我国最早投入金融科技的金融机构之一，杭州银行数字化转型不仅围绕产品、服务和渠道的线上化，更是立足客户体验，以客户为中心，根据不同客户行业、形态、特征定制个性产品，提供个性化服务。城商行主要服务于区域经济和城乡居民，财富管理的产品设计也主要定位在这一类客群。例如，杭州银行推出的"幸福99"系列个人理财产品，在产品设计、发行和投资管理各方面都充分考虑广大市民和工薪阶层的风险承受力水平，将产品的整体风险水平控制在杭州银行的可控范围之内，既能满足客户的投资需求，又通过承担适当风险来寻求更高收益的投资回报。

服务及品牌定位

从发展财富管理整体战略布局来看，中国工商银行旨在努力持续地推进财富管理业务和产品的转型，显著提升资产管理水平和研究能力。凭借资产管理、托管、养老的业务效益优势，对接基金、保险、投行、理财等综合性公司，打造资产管理业务体系，为市场配置资源，为客户提供多元化、综合性的专业财富管理服务。

中国工商银行在打造财富管理品牌体系时将重点放在推动财富管理业务的线上化、智能化建设上。从中国工商银行的发展路径看，其财富管理业务有两大特点，一是充分利用专业化和综合化优势，为客户提供参与共享改革和发展成果的机会。突出专业化的优势，加强研发创新投入，突出投研能力建设，实现客群的分类、分层管理，为不同客户提出专业化投资分析和建议。二是充分利用线上化和数字化的优势，使更多的客户能享受财富管理专业服务，依靠大数据和智能分析，用合适的方式将合适的产品推荐给合适的客户。

成为"有担当、有温度、有特色、有价值"的最佳综合金融服务提供者是中信银行财富管理业务的战略愿景。财富管理业务有一定的特殊性，客户的体验和满意度是收获利益的前提，想要财富管理业务有更好的发展就要处理好价值观与商业利益之间的关系，需要有足够的战略耐性，越是在行业大发展的时候，越要坚守住价值观。中信银行推出的一款面向普惠金融、个人经营信贷客户等小微商户的财富管理服务产品，通过提供包括优惠存款产品和专属贷款产品、减免收单手续费等服务，旨在降低小微商户、个体工商户及个人客户的融资成本，助力乡村振兴，以创新的金融产品和服务普惠于民。

杭州银行在2021年制定了新的五年发展战略，致力于实现从"以产品为中心"向"以客户为中心"的转变，深入关注客户需求。财富管理业务发展的一个关键因素是客户黏性，需要在从产品关系到客户关系的转变中进行不断积累。公司持续为客户提供高质量的产品和差异化服务，客户对多种产品服务的满意度得到长期积累，进而提升客户对公司品牌的忠诚度。杭州银行财富管理业务集中于团队建设和丰富代销品类，具体通过加大家族信托和保险产品的引进来丰富产品体系，推进短期业务的发展。杭州银行长期通过构建客户分层，提供差异化服务，形成了品牌效应。

我国银行财富管理客户分类

对于我国银行来说，了解财富管理中的客户分类和客户需求对于财富管理的拓展客户、产品定价、产品销售和客户留存都是至关重要的。

客户画像维度

在客户分类方面，客户画像是重要的标准之一。根据客户在财富管理从业人员所属金融机构或个人名下的金融资产规模情况，将客户分为以下几类：

（1）社会公众。在财富管理从业人员所属金融机构的金融资产规模达60万元（含）至600万元人民币的自然人。

（2）富裕人士。在财富管理从业人员所属金融机构的金融资产规模达600万元（含）至3000万元人民币的自然人。

（3）超高净值人士。在财富管理从业人员所属金融机构的金融资产规模达3000万元（含）人民币以上或在个人名下金额资产规模达2亿元（含）人民币以上的自然人。

值得注意的是，超高净值人士通常多以家族为单位进行财富管理，以家族的形式出现在机构的客户清单中。除此以外，不同的机构对客户的分类标准也各有特点（表2–2）。

表 2-2 部分银行财富管理客户分类标准

客户类别	中信证券	国泰君安	招商银行	中国平安银行	平安保险
大众零售客户	日均金融资产 200 万元以下	投资门槛在 50 万元以下	月日均总资产在 50 万元以下	不满足大众富裕及高净值客户条件的零售客户	年收入 10 万元以下
大众富裕客户	日均金融资产 200 万～600 万元	投资门槛在 50 万～500 万元	月日均总资产在 50 万～500 万元	持有白金借记卡,且近三个月中,任意一个月的日均资产在 50 万～200 万元之间	年收入 10 万～24 万元
				持有钻石借记卡,且近三个月中,任意一个月的日均资产在 200 万～600 万元之间	
高净值/私人银行客户	日均金融资产 600 万元以上	投资门槛在 500 万元以上	月日均总资产在 1000 万元及以上	近三月任意一个月的日均资产超过 600 万元	个人资产规模 1000 万元以上

资料来源：各大银行官网。

高盛高华证券有限责任公司的研究表明，未来 8～10 年，中国家庭的资产中属于可投资的资产将会突破 70 亿美元大关，而现在占比较大的存款类产品将让位于其他类理财产品。

1. 社会公众

社会公众是当前中国人口众多的人群，也被称为中产人士或大众富裕人士。据不完全统计，2018 年中国的中等收入人群数量已达到 4 亿，是全球数量最多的国家，这是国家经济发展迅速的体现，同时也为财富管理市场的发展增加了潜力，打造了庞大的客户群体。据汇丰经济学家估计，中国中产家庭的规模在未来5年增长逾45%，将从现在的约3.4亿增至5亿以上。未来5年中国家庭资产增长率约8.5%，其中，预计3~5年后可用于财富管理的资产可能达到300万亿元人民币。

以年龄的划分来看：在福布斯发布的大众富裕人士理财趋势报告中，80后所占份额超过50%。随着互联网技术的飞速发展，中国中高收入人群正在呈现新的特征。90后比例上升，有望成为大众富裕人群的主力军，其所在行业领域多集中于互联网与技术、媒体、电信。

以职业的划分来看（图2-4）：在中高收入群体从事的行业中，金融行业稳居第一，占比为25%；位列第二的是互联网行业，占比为12%；房地产建筑行业紧随其后，占比为10%。80后及90后作为新生代客群，其在财富创造及管理的方式上与50后~70后大有不同，这一发展趋势将重塑大众富裕人士理财市场格局。

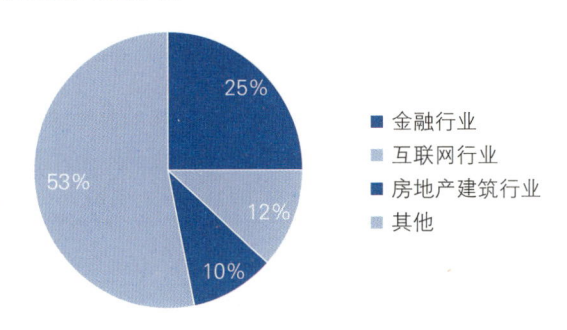

图2-4 大众富裕人士行业分布

以婚姻状况来看：已婚并且已育有子女的家庭占比最高，占比为64.7%，这也给财富管理指引了新方向，即子女的教育和抚养问题。相对已经步入婚姻或已生育的人，单身人群虽占比不高，但是也呈现逐年上升的趋势，目前已经达到了25%。这部分单身人群不仅包含未婚人士，还囊括了离异人士。因此，养老、生活质量保障和消费等问题也应得到财富管理市场的关注。

2. 富裕人士

截至 2020 年 12 月 31 日，中国的"富裕家庭"即资产突破 600 万元的家庭已经达到了 508 万户，较上年增长 1.33%，这些家庭的总资产接近 150 万亿元。其中，600 万元资产属于可投资范围的家庭有 183 万户。

中德安联发布的《中国富裕人士财富报告》提到，富裕人士，接近一半人群的收入是固定性收入，例如以工资、奖金为主要的收入来源，其余三成人群的收入是经营性收入。富裕人士的职业分布较集中，主要是中高管理层；从流动性资产的角度看，在流动性资产超过 200 万元的人群中，企业家的数量明显高于职员和个体经营者等人群。

3. 高净值人群

在中国，高净值人群不仅规模日益扩大，其持有的可投资资产也逐年增长。2020 年，中国高净值人群数量达到 262 万，与 2018 年比增多 65 万人，增长率也连年攀升。究其原因有三个：第一是资本市场快速发展，非固定资产迅速升值；第二是固定资产增加；第三是因为境内外首次公开募股（IPO）的兴起，一部分人群抓住机会，使自身财富迅速增值。

胡润百富在 2021 年对我国高净值家庭进行更进一步的细分。按照资产规模来分，拥有千万人民币总财富的"高净值家庭"数量达到 206 万户，其中拥有千万人民币可投资产的"高净值家庭"数量达到 110 万户；拥有亿元人民币总财富的"超高净值家庭"数量达到 13.3 万户，其中拥有亿元人民币可投资资产的"超高净值家庭"数量达到 7.9 万户；拥有 3000 万美元总财富的"国际超高净值家庭"数量达到 8.9 万户，其中拥有 3000 万美元可投资资产的"国际超高净值家庭"数量达到 5.6 万户。（表 2-3）

表 2-3 我国内地高净值家庭规模

600万人民币资产"富裕家庭"数量（户）	千万人民币资产"高净值家庭"数量（户）	亿元人民币资产"超高净值家庭"数量（户）	3000万美金"国际超高净值家庭"数量（户）
508万	206万	13.3万	8.9万

数据来源：《2021 意才·胡润财富报告》。

从我国高净值人群的职业分布来看，一代创业企业家占四成，职场金领占三成，二代继承者占一成。在企业家群体中，由于年龄、身体等限制原因，一代创业企业家大多会将企业交托于继承人，因此，未来继承者的高净值人群占比将进一步增加。

客户需求维度

银行财富管理体系在不断完善迭代的过程中，需要精细化的客户分类与管理，从而精准满足客户多元化需求。在私人银行业务中，传统的客户分类方式是按照客户资产进行划分，较为新颖的是按照客户身份、财富来源、所处行业进行划分。客户分类的目的是让银行能够全方位地满足客户的个性化需求，单一的分类标准无法精准刻画每个客户的需求特性。利用金融科技，采用多个分类标准交叉刻画客户肖像，贴合客户需求特征，为客户提供个性化服务。

1. 社会公众的财富管理需求

传统的理财机构通常将大部分精力和资源放在超高净值客户身上，而社会公众很难获得针对性服务。基于前面的内容可知，中国的中产群体非常庞大，这类人群的特征也比较明显，他们大多处于中年时期，主要的经济压力来自房屋按揭，同时也承担着父母赡养和子女教育的重任。他们迫切需要对家庭财富进行长期的规划。但是他们没有形成系统性的投资理念，因而需要寻求财富管理机构的专业服务。

从实际数据来看，接近90%的人表明了理财意愿。其中，40%的人愿意投资可投资资产的二分之一，其余40%的人愿意投资二至五成闲散资金。他们的理财目的往往包括最基本的财富保有和增值、满足日常消费以保证生活质量，同时也考虑到他们的家庭、父母以及自身的未来养老规划。社会公众的财富管理需求如图2-5所示。

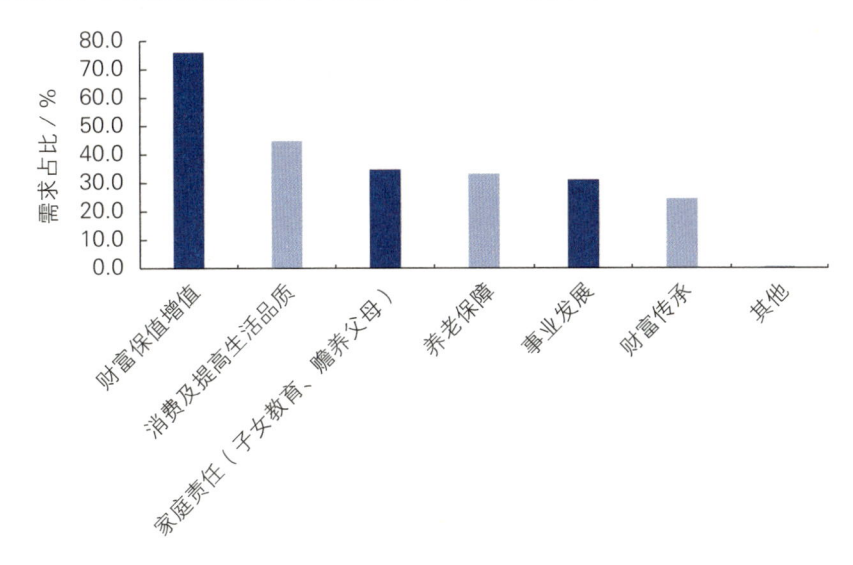

图 2-5　不同的财富管理需求占比

（数据来源：波士顿咨询发布的《全球数字财富管理报告2019—2020》）

2. 富裕人士的财富管理需求

针对富裕人士，了解其需求是做好财富管理服务的第一步。富裕人士的需求也存在趋同性，主要包含：财富保值增值、重视财富的私密性、对有价证券投资偏好低、风险偏好高、抗风险能力强。在了解了需求的共性后，处理好需求的个性化更为重要。这些个性化差异来源于个体不同的人生观、价值观以及过往的生活经历。银行要精细化布局富裕人士，将每个富裕客户当成一个特殊的细分市场，以此构建更为完善的私人银行财富管理服务体系。

3. 超高净值人群的财富管理需求

由于"资管新规"等规定的出台，超高净值人群的理财方式逐渐回归理性化，他们渴望更加科学、合规的理财方式。超高净值人群慢慢将产品需求转变为服务需求，这些服务需求不仅涉及个人层面，还涵盖了从家庭到社会责任的需求。

除了社会变迁带来的影响，一些黑天鹅事件[①]也或多或少地影响了这类人群的理财观念。据调查显示，超高净值人群更倾向于多元化配置资产，银行是其首选财富管理机构。同时，他们也开始通过保险、家族信托、慈善信托等非传统的理财方式来达到财富传承的目的。

对于财富管理从业人员来说，理财观念的转变尤为重要。过去总以收益率为导向，现在应将收益率与客户需求和目标相结合，定制个性化的理财计划。多元化资产配置是超高净值客户的不二选择，银行要运用专业的体系，利用不同的金融工具，发挥专业人士的能力，平衡风险和收益，从而形成核心竞争力，持续壮大财富管理业务。

---

① 黑天鹅事件是指非常难以预测，且不同寻常，但突然发生时会引起连锁反应、带来巨大负面影响的小概率事件。——编者注

我国银行财富管理业务体系

随着经济结构调整以及监管环境重塑,当前我国银行的收入结构亟待调整,从较为传统的"存款-贷款"模式,向着"财富管理-资产管理-投资银行"的价值循环链转变,"轻资产、弱周期"的财富管理业,也将成为我国银行未来主要的利润增长点。

相较于单一的"存款-贷款"模式,财富管理产品与服务体系的建设需要围绕着客户不同阶段的金融需求,并结合客户的风险偏好,业务时间跨度覆盖了多个产品的周期,因此包含了更有广度和深度的产品的种类和功能,如图 2-6 所示。

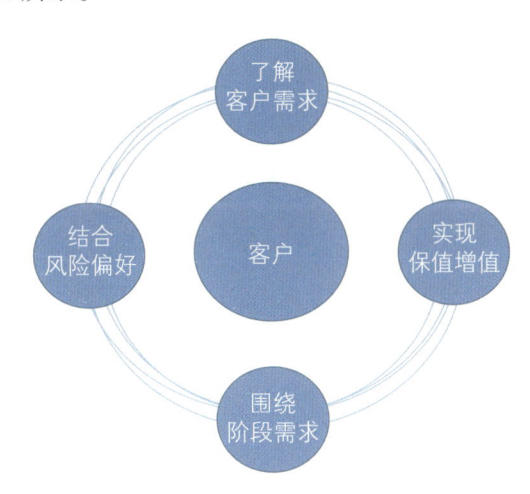

图 2-6 财富管理业务以客户为中心展开

银行财富管理业务大多以投资理财为核心,包括账户与现金管理、资产管理、家族财富管理、咨询与其他服务等,不同银行机构的财富管理业务重点、特色不同(图 2-7)。

```
财富管理业务
├── 账户与现金管理
│   └── 账户管理、结算业务、现金管理
├── 资产管理
│   └── 投资规划、理财咨询、代客理财、受托投资、
│       全权委托资产管理、企业资产管理
├── 家族财富管理
│   └── 结合个人、企业和家族传承的全方位服务
└── 咨询与其他服务
    └── 税务咨询、遗产和法律咨询、
        遗产管理、优先优惠措施等
```

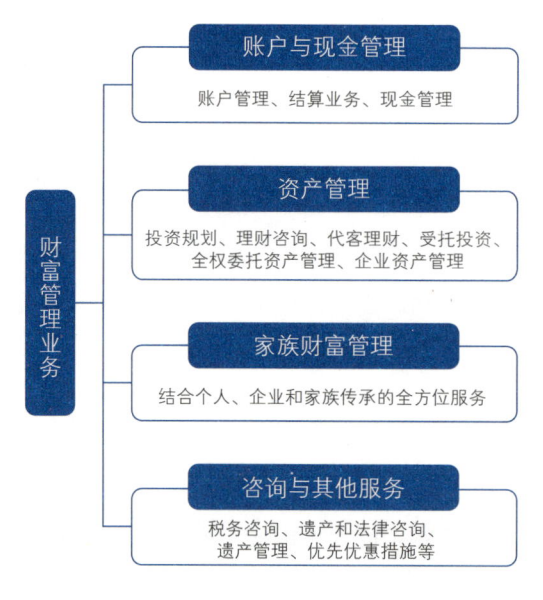

图 2-7 财富管理业务体系

账户与现金管理

账户管理是财富管理产品和服务体系中最基本的内容。主要以银行卡作为载体，为客户提供存取款、投资、贷款、结算、智能转账等服务。

现金管理提供综合化服务，帮助客户规划现金的流入、流出及存量，管理客户资产的配置与流动性等，是银行争取超高净值客户的重要竞争工具。一般包括账户管理、收支管理、流动性管理、投融资管理、资本风险管理、电子商务以及信息服务等服务，涵盖了传统柜台和网上银行等所有银行服务渠道。

资产管理

资产管理的对象分为个人客户和企业客户。对于个人客户而言，资产

管理的内容包括投资规划、理财咨询、代客理财、受托投资、全权委托资产管理、企业资产管理等。随着我国超高净值客户的增多，民众对财富管理的需求已经从简单的财产增值转向资产安全和财富多元化。资产管理服务需要帮助客户确定他们的投资目标，并根据他们的具体需求、风险承受能力、资产构成等特点，为其提供合理的资产配置方案。

理财咨询是银行基于其信息和人力资源优势，并通过与证券公司、保险公司、基金公司等金融机构的广泛合作，为客户提供的一系列服务。咨询内容包含财务规划、投资建议和金融咨询等。银行也会根据客户的需求提供特定服务，如跨境投资、移民、留学等跨境金融解决方案的建议。

代客理财业务包括资金收付、代理投资、委托贷款、并购分析、项目评估和信用评级等。这项业务使得银行在不占用客户资本的情况下，赚取交易费用和佣金。

受托投资和全权委托资产管理是银行主要基于客户对银行的信任，将资产委托给银行管理。银行安全保管被委托的资产，同时合理选择投资工具、进行买卖交易或账户处理等事宜，银行对于被委托的资产有较大的灵活处理权限，为客户节约了实时关注市场信息等方面的自行投资所需的成本和时间。

对于企业客户而言，资产管理主要为企业提供日常财务监理、资金调拨和其他账户管理服务，以及企业兼并收购、债券及票据发行、资金托管和工程成本咨询有关的服务。通过专业的管理团队，协同机构自身的对公业务部门，或与证券公司、信托公司等机构合作，为企业提供多方位的综合性服务，实现企业和银行的双赢。除了高净值个人客户，企业是银行财富管理服务的重要目标，但我国这方面的业务还处于起步阶段，因此在实际中这个服务维度经常被忽视。

投资规划根据客户的不同阶段需求和资产投资方向进行，具体包括现金规划、子女教育、风险管理、保险和税务、退休与养老金、资产配置和遗产规划等。此外，投资规划还会以客户的需求为导向，不断及时调整、修正。

家族财富管理

目前我国关于家族的财富管理服务尚且处于起步阶段，这部分的客户多数为超高净值的企业家，其财富管理的要求结合了个人、企业和家族的传承。

自从新冠肺炎疫情出现以来，金融市场波动加剧，也引发了超高净值家族对于财富避险需求的升级。我国有部分银行已经着手布局管理家族的财富，为有需要的客户提供以家族企业治理、家族资产配置、家族财富保护和家族财富传承为体系的家族财富管理业务。

家族财富管理客户的诉求主要是保护家族的有形和无形的资产。例如金融资产、家族企业等具体内容，以及家族文化、成员健康等精神财富。因此这一类服务需要从他们的诉求出发，提供一站式管家服务，为客户提供企业融资、企业发展规划、高端的保险、税务筹划、婚姻财产、家庭成员求学等全方位的服务，并且随时根据客户需要进行调整。

家族财富管理业务对银行的综合能力要求较高，也需要客户对银行具有较高的信任度，因此目前我国只有部分体量较大、拥有完整的财富管理产品和服务体系的银行才能做到。

咨询与其他服务

银行为客户提供各方面的咨询以及其他方面的服务，是一项智能和知识转让的服务行为。银行的税务咨询服务可以解答客户在税务方面相关的问题，为客户提供最新的税务消息，帮助客户进行税务筹划，合理避税，并统筹安排纳税事宜，合理分配客户的财富。

财富管理业务的客户有时会需要医疗方面的更全面、更深度的保障，比如全球医疗援救、名医手术、知名医院入院治疗安排等。此外，也会有客户对投融资等方面的相关法律专业知识不够了解，存在许多需要解答的困惑。

遗产管理也是银行财富管理业务的一项重要内容。银行会为客户提供拟定遗嘱、遗产合同等服务。虽然中国有忌提身后事的习惯，但是随着经济的发展，遗产管理业务的需求逐渐增多，遗产管理和传承也是生命周期中难以避免的一个环节。由银行来提供这一服务，可以有效帮助客户进行遗产的规划和传承。该业务具体内容包含明确遗产继承人、遗产管理方式、遗产托管等，协助客户顺利进行财产的传承，帮助客户提前做好财富的分配和规划，同时避免由于使用不善造成的财产损失。

银行为这些客户提供咨询服务，主要依托银行自身的专业知识，以及与其他机构合作的优势，为客户提供更专业化、特色化的服务，减轻客户的负担，为客户自身和家庭构筑财富保障体系。

我国银行财富管理运营模式

当前，我国财富管理市场主要参与者包括银行、证券公司、基金公司和互联网金融机构等第三方服务机构。银行立足于较大的客户基础，迅速发展财富管理业务。但是业务的具体内容更多的是在销售产品基础上，辅之以一些投资顾问服务，财富管理业务的体系并不完善。证券公司、基金公司在产品方面，尤其是权益类产品设计方面有其他机构难以企及的优势，同时见长于投资产品设计与创新、投资研究能力乃至激励机制等方面，是中高端财富管理市场中不可小觑的一支力量。互联网金融机构，虽然是以代销产品为主，但通过强大的数字化渠道、清晰明了的产品销售设计，抢占了相当大的市场份额。

银行只有敏锐地把握机会，及时调整财富管理业务的经营模式，才能扎根于财富管理市场，完成自身的转型升级。

组织运营模式

我国银行财富管理业务的组织运营模式，主要以分行为经营和创利中心，以总行为管理和运营中心（图2-8）。这样的运营模式主要是由于我国超高净值客户的分布十分分散。此外，分行在日常经营中掌握了大量的高端客户资源，客户对于分行也有较高的信任度。这样的现状要求银行必须构建既能充分利用分行良好的客户资源，又能有提供强力的技术和管理支撑的组织架构。

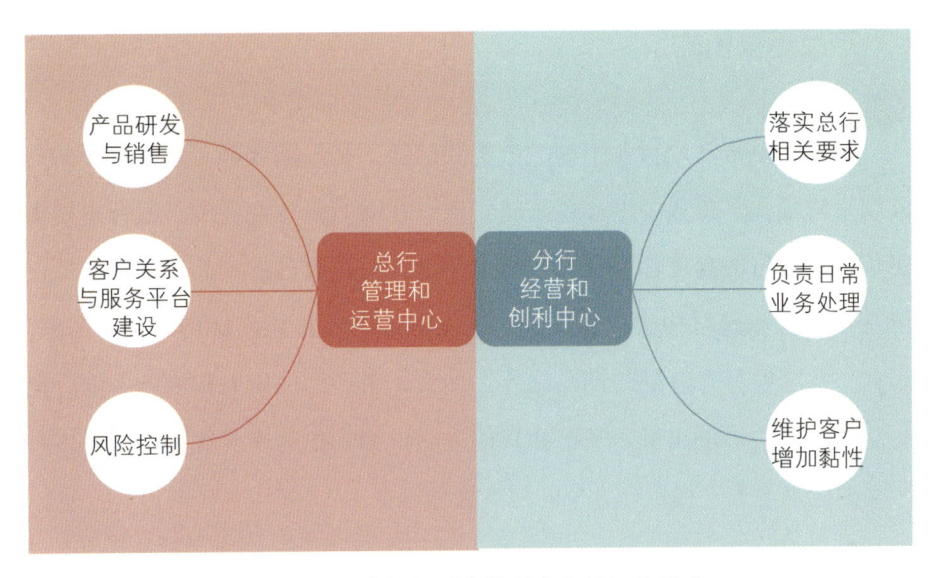

图 2-8　国内银行财富管理业务的运营模式

总行设立的财富管理部，主要负责理财产品的开发和营销、团队管理、建立客户关系和服务平台、风险控制和其他全行性职能。针对客户的需求，制订全行范围的财富管理业务发展计划和方针，组织、监督和管理全行范围的财富管理活动。总行的财富管理部可以提供与资产管理活动相关的管理、分析、营销和研发技术支持，负责对分行的财富管理业务进行指导，与第三方机构合作，对产品进行研发、配置等。

各分行设立财富管理部门，主要执行总部要求，开展日常的财富管理业务，应归类为业务发展机构。符合财富管理业务的客户由各个分行进行管理，一方面，各分行对于所拥有的优质客户长期关注，更了解客户，能够提供更符合客户需要的个性化财富管理服务；另一方面，客户在与各分行长期的沟通中，对各分行有更高的黏性，愿意将资产交由各分行进行管理。同时，总行负责研发产品，整体把控和管理，分行进行经营，维护客户的双线管理结构，有利于发挥各自优势，提高财富管理业务的效率。

产品运营模式

近年来财富管理行业中的一个重要趋势，是不同客群对财富服务的需求越来越细化，覆盖领域亦越来越广泛。在财富管理业务中，银行迫切需要从产品战略的高度和满足客户需求角度，构建自己的产品体系。如果仅仅基于存款和理财构建产品线，并不能满足客户日益多样化的投资需求。因此，我国银行在基础的产品之外，加大了对产品的研发和创新力度，同时从客户权益诉求出发，发挥和其他金融机构合作的平台优势，发展多种产品的代销业务，提供全方位的财富管理服务。

1. 产品自研

为了保持在财富管理市场上的领先地位，我国银行除了传统的银行产品，还推出了种类繁多的其他产品，包括货币市场类、债权及债权衍生品投资类和股权投资类银行理财产品等。除此之外，还包括基础设施投资类、黄金及白银等贵金属投资、结构化产品和挂钩型理财产品。这些理财产品均涉及货币市场、证券市场乃至房地产市场等，但经过风险组合分散了风险，并通过银行进行增信，总体而言具有风险较低、较为稳健的风格。

尽管目前大多数银行都致力于推动其财富管理业务的发展和转型，但各银行的财富管理的产品和服务体系依旧不完善，多数为结构相对单一的固定收益产品所主导。一些具有较强创新和投资研究能力的银行已经加快了对权益类和混合类产品的推广。但是，对于一些中小型银行来说，受制于创新和投资研究能力以及客户资源有限等因素，开发新产品的投入过高。因此，中小型银行也可以在前期以代销其他机构的产品为主。与此同时，完善自己的产品和服务体系，并借鉴同行的经验，提升自己的研发和运维能力，等到时机成熟，循序渐进推进自主产品研发。

2. 产品代销

银行代销的业务，根据代销的产品的来源，大致可以分为两类。第一类是代销其他金融机构的产品。比如基金公司、信托公司和保险公司等的基金产品、信托计划产品和保险产品等。代销这一类产品，有助于银行完善产品和服务体系，为客户提供丰富的产品，满足他们日益多样化的理财需求。我国绝大多数银行都进行这一类产品的代销，因为即使是国有四大银行，或者其他成熟的股份制银行，也不可以自主生产保险、信托等产品。第二类是代销其他银行的产品。这种情况一般出现在自身所拥有的产品不够丰富的银行中，这类银行成立较晚或是体量较小，缺乏充足的自我研发能力，因此需要引入许多其他机构或是银行的产品。

3. 开放式财富管理

对于银行而言，打造开放式财富管理模式至关重要。通过建立银行、客户和非银行金融机构三角合作平台，有利于财富管理业务的发展。一是有助于充分发挥自身的网点和客户基础的优势，增加客户黏性，深化客户价值管理。二是搭建财富管理业务开放式产品架构，与非银行金融机构形成良好的资源整合能力和联动机制。三是提高财富管理能力，借助证券公司和基金公司等非银行金融机构的研发能力，进一步提高针对客户风险偏好和财富规模进行的财富规划与资产配置能力，扩大其市场规模，保持其在财富管理市场上的领先地位。

数字化运营模式

近年来，我国银行都在致力于加强数字化技术的应用，实现营销和服务能力提升。由于移动支付、手机银行等数字化金融科技在我国早已普及，人们对于数字化渠道的接纳程度本就很高。在新冠肺炎疫情催化下，人们对数字化渠道的依赖程度加深。因此越来越多的机构正致力于应用金融科技，开发数字化投顾，以更好地满足客户的需求。

目前我国银行数字化运营变革的主要方向有以下几个：

（1）提升营销和服务能力。这需要善用当今的数字化技术，构建自己的手机客户端软件或者产品平台，给客户提供更便捷的了解、咨询、购买和售后产品的渠道，并通过数字化营销，提升产品的知名度。此外，也可以利用数字化的渠道或者平台，为客户提供相关知识的教育。

（2）打造开放式投顾平台。通过数字化和金融科技的应用，尝试线上和线下深入融合的服务模式（线上获客、远程咨询、线下经营）。这一模式可以有效提高财富管理服务效率，同时也可以很好地覆盖长尾客户，利用金融科技，实现这一部分客户的高度定制化和个性化服务。

（3）创新和应用前沿科技。在当前金融科技迅速发展的背景下，利用诸如机器学习、大数据、知识图谱、语音识别、自然语言处理和云计算等先进技术，加速财富管理业务的发展。

（4）全面建立数字化支撑体系。为了适应发展的需要，建立完善的科技治理体系，银行需在体系内推动科技和业务的相互促进、相互融合，推动规模化的数据用例，并建立与之相适应的数据治理和中台体系。此外，还需加强人才储备，优秀的人才是研发创新的根基，并逐步推动敏捷开发模式落地。

我国银行财富管理合作机制

协同合作机制

银行开展财富管理业务不仅需要不同业务之间彼此支撑，更需要不同部门之间的协同合作。因此，协同合作机制将有利于银行开展财富管理业务。协同合作机制是指银行内部各实体部门运用各自的优势和资源彼此之间相互帮助、协作开展各业务，进而达到整体上价值的增值，更好地利用"规模经济"和"范围经济"的优势来共同满足客户多元化、个性化的财富管理需求。我国银行也越来越注重将这种协同合作机制运用到自身的经营活动中去。

协同合作不仅存在于银行内的各部门，同时也存在于银行与其他金融以及非金融机构之间。首先，我国的中小型银行普遍按条线管理，零售金融条线、公司金融条线和金融市场条线相对独立，单独考核。相对于单一的管理模式使多机构之间的合作难度加大且同时降低了客户服务率和满意度。其次，各业务线协同发展所带来的价值提升是银行开展财富管理业务最为注重的一点，而银行内各部门之间的协同合作尤为重要。最后，由于财富管理转型的复杂性，所以转型过程中单靠银行自身是远远不够的。银行应当加强与其他机构如其他银行、非银行金融机构及一些互联网公司和实体企业的合作，以便更好地发挥协同合作机制在财富管理上的作用。

提升协同合作效率

大财富管理链接资金端和资产端，资金端为客户提供金融及非金融服务，资产端为企业设计融资方案、创设投资标的。因此综合金融服务和产融结合成为财富管理的重要环节，齐全的金融牌照和丰富的实业板块能为财富管理业务提供肥沃土壤。中国股份公司（简称"光大集团"）为提高各领域的服务合作质量，2019年提出建立六大E-SBU生态圈的新战略合作服务模式。其中，"E"是指Ecosphere（生态圈）、Electronic（数字化）、Everbright（光大一家）；"SBU"是Strategic Business Unit（战略业务单元）的缩写；六大战略业务单元分别是财富、投行、投资、旅游、健康、环保。

光大集团通过集团内的业务联动及资源共享，各子公司之间以及集团与子公司之间开展深度业务合作，提升集团业务协同效率。其中，光大银行是光大集团财富 E-SBU 的核心，着力于财富 E-SBU 生态圈建设，与集团子公司通力合作，满足客户综合化、多样性、复杂化的金融需求，业务协同不断突破，光大银行通过不断完善财富 E-SBU 的"个人圈、对公圈、云生活圈"的建设，成功做到了客户迁徙、交叉营销、产品创新等方面协同的突破。截至 2021 年 6 月末，实现协同总额 1.62 万亿元，同比增长 1.89%；协同营业收入 56.80 亿元，同比增长 16.39%，占比提升至 7.4%；协同中间业务收入 18.30 亿元，同比增长 21.19%，占比提升至 12.2%[1]。

---

[1] 光大银行 2021 年半年度董事会经营评述。

我国银行财富管理现存问题

各家银行在开展相关业务时,由于其业务转型处于初级阶段,因此仍然存在着各种各样的问题。

客户分类标准不一

虽然银监会发布的《商业银行理财产品销售管理办法》中明确对财富管理客户设置一定标准 [例如金融净资产达到 600 万元(含)人民币以上的商业银行客户为私人银行客户],但这并不是一个硬性规定。因此,各家银行对于财富管理客户中的私人银行客户的准入门槛有自己的规定(表2-4),这就导致了客户准入门槛的标准不统一,这也是银行在开展财富管理业务时所面临的一个重要问题。

表 2-4　各家银行财富管理私人银行客户分类标准

银行	财富管理私人银行客户分类标准
中国工商银行	金融资产达到 600 万元以上
中国建设银行	金融资产达到 1000 万元以上
中国农业银行	一个月日均金融资产达到 600 万元及以上
中国交通银行	金融资产达到 600 万元以上
招商银行	日均总资产在 1000 万元及以上
浦发银行	月日均资产在 800 万元以上
中国民生银行	日均资产在 800 万元以上

续表

银行	财富管理私人银行客户分类标准
中信银行	金融资产达到600万元以上
光大银行	金融资产达到1000万元以上
平安银行	近三个月任意一个月的日均资产超过600万元
浙商银行	日均金融资产在600万元及以上
上海银行	月日均综合资产在800万元及以上

资料来源：各银行年报。

如上表所示，整体来看招商银行、中国建设银行、光大银行的财富管理规模与客户数在一定程度上被低估；由于客户准入门槛标准的混乱，银行在开展财富管理业务时面临诸多不便。

信息披露程度不一

通常我们期望在财务报告中能够发现有关财富管理的客户数量、管理资本规模以及关键策略等重要信息。然而，目前多数银行在这方面所发布的信息并不全面。例如，中国银行并未透露财富管理业务的客户数与具体规模数据，光大银行也并未透露财富管理的业务规模；北京银行、江苏银行和南京银行则对财富管理的业务内容只做了简要介绍，且也没有透露诸如客户数、业务规模等具体信息。此外，各家银行对重要信息披露的程度不一致，导致信息披露存在各种各样的问题。

（1）缺少对非财务信息的披露。非财务信息是指不一定与银行的财务数据相关，但与银行经营业务活动相关的各类信息，具体内容包含：主营业务指标、银行业务管理部门对财务信息和非财务信息的综合分析、前瞻性消息、市场背景信息等。此类信息也是投资者在决策时越来越重视的信息。但是，目前银行很少披露上述信息。

（2）缺乏对会计报表附注内容的重视，较多银行会计报表附注仅有十多项信息且信息披露存在缺陷，这将会影响信息披露的质量。

产品同质化严重

从期限来看我国银行的理财产品大多为短期产品。从投资标的物来看，我国银行理财产品投资标的物主要包括：债券、票据、股票、利率和汇率、信贷资产等。整体而言，由于我国金融产品的类型主要是以上几类，可投资品种不够丰富，以至于各银行理财产品的基础资产相似度很高，主要集中在债券及货币市场、票据、信贷资产和利率等品种。

由此可见，以产品为中心的传统营销模式早已无法适应客户高端化、个性化的需求，产品同质化主要体现在以下三方面。

（1）尽管目前各家银行所销售的产品在名称、收益等方面会有所不同，但实质上大同小异，产品同质化严重。

（2）我国的银行业明确规定不能混业经营，这种机制虽然在一定程度上降低了系统性风险发生的可能性，但会给银行在产品研发上造成一定的影响，导致银行推出的产品结构单一，各家银行推出的产品之间存在很强的互相替代性，同质化现象较为严重。

（3）中国的金融市场存在着很普遍的模仿现象，当一家银行推出一种新产品能够吸引到客户时，其他银行就会竞相模仿，这也加剧了产品同质化问题。

产品同质化明显致使产品没有核心竞争力，难以在竞争激烈的市场环境中存活下来，进而给财富管理业务的开展造成一定的困难。

客户沟通不足

交易驱动模式是指以流动性金融资产作为银行运营的基础,并用居民投资的交易产品带动资金的沉淀。银行从中获取的主要是手续费,中间业务收入以及增值服务并非获取资金的风险对价收益。这种模式导致银行缺少主动与客户沟通的动机,因此很少在交易发生前后与客户进行深入的沟通,从而无法真正了解客户本身的需求,并为其提供个性化的服务和产品。同时,银行也忽略了在交易之后与客户的沟通交流。如若对客户进行追踪式的售后沟通,将会使得产品运行信息得到及时反馈,客户的体验感受也会得到提升,促进客户日后继续选择在本银行办理相关的业务。

因此,充分的沟通可为银行财富管理业务提高客户数量,扩大业务规模,促进客户购买产品。银行通过与客户进行全过程的沟通,将会有益于财富管理业务的发展。

产品定位脱离市场

以产品为导向的营销理念是指银行不是通过市场调研后根据市场需求开发相应的产品进行销售,而是把提高质量、降低成本作为核心要素,以此扩大销售、取得利润的一种经营管理思想。这种理念主要表现为坚持以产品为导向,以生产为中心,不注重市场需求,导致产品定位脱离市场。虽然银行持续加强对产品的研发和创新,新的产品也往往具有高质量、多功能或某种特色,但是这种缺乏了市场基础的创新犹如空中楼阁,并不一定切实符合市场的需求。当银行推出一款新的产品时就很容易产生"市场营销近视"现象,即目光只聚集在自家的产品上,而看不到市场需求是什么样的,更没有注重客户体验。这与以客户为中心的理念产生了鲜明对比。

在没有市场基础、缺乏与客户沟通的前提下研发的产品忽略了客户的需求，做不到以客户为中心，一味推销自身的产品，最终将导致其品牌优势、质量优势的丧失。

数字化应用不足

财富管理数字化转型进度不一，还存在着数字化应用不足等诸多问题，具体体现在以下几个方面。

（1）金融科技战略同质化明显，特色策略尚未形成。由于银行经营业务的特殊性，其客户群体大多具有很强的地域性。因此，财富管理业务受区域发展状况影响较大。在财富管理的数字化转型过程中，大多数银行并没有考虑到所服务客户的区域特征和所开展业务的具体情况，多数中小型银行只是照搬大型银行在金融科技领域的做法，导致银行在财富管理转型中的金融科技战略同质化现象明显，没有形成自身的特色。这种生搬硬套的金融科技战略不仅无法满足客户的个性化需求，同时也会减缓财富管理数字化转型的进程，导致财富管理数字化转型效果不佳。

（2）组织机制僵化，灵活性不足。在财富管理数字化转型过程中，大多数银行会成立相应的部门来推动财富管理数字化转型的进程，但成立的相关部门依旧保留着科层制结构特征，部门之间的联动性并不强，各部门之间仍处于相对割裂的状态，从而导致员工之间难以跨部门协作，无法发挥各部门之间的协同合作力量。这会致使财富管理数字化转型进程缓慢，最终导致战略执行层面的创造力和敏锐度受到制约以及开展业务时灵活性不足的问题。

（3）运营架构有待优化，运营质效亟须提升。银行内部高效的运营管理也是推动财富管理数字化转型进程的重要因素之一，但目前大多数银行在前中后台的搭建上仍存在一些问题。例如，在前台的构建上，线上线下的协同合作机制还不够完善，深度洞悉客户需求的能力依旧欠缺，导致其无法提供良好的客户体验。在中台构建上，不同服务条线的信息渠道存在着一定程度的分散，信息系统仍然是"竖井式"格局，对客户资源整合能力相对薄弱。而在后台构建上，由于操作系统算力和支撑能力受限，以及集中受理服务种类受限，可以稳定支撑整个中台运作的后台系统尚未建立。此外，由于中小型银行经营结构的问题，使得新金融科技对于减少信息系统运作成本、挖掘大数据价值、赋能行业发展的效果不佳，也无法为财富管理数字化转型提供有力的支撑。

（4）数字基础薄弱，数据治理能力有待增强。随着大数据技术成为新型的生产要素，银行体系内的数据将如同资产一般，作为银行发展的核心资产和推进数字化变革的资源。银行对数字化基础设施建设与布局较晚，对数据价值的理解与运用也相对落后，具体而言包含四个方面：第一，面临着数据质量不一、标准缺失；第二，各条线部门数据分布零散，缺乏有效整合机制；第三，数据管理结构不清晰，数据分析管控制度尚未建立；第四，缺乏数据挖掘技术与应用能力，在发现新数据价值、建立数据分析对应场景等方面的基础较为薄弱。

第三章

中小型银行财富管理转型正当时

中小型银行财富管理短板

近年来，随着我国经济的高速蓬勃发展，居民财富也在稳定增长，个人、企业、政府、机构等已成为财富管理领域的重要相关方，银行在战略方面将主要围绕财富管理业务这片"蓝海"展开。随着经济结构的调整以及监管环境的进一步演变，中小型银行对财富管理业务的重视程度逐渐加深，中小型银行财富管理短板在日益激烈的市场竞争中更加凸显。

净值化转型进程缓慢

图 3-1 显示，近年来，银保监会、央行陆续发布多项针对财富管理业务的监管政策，银行侧开始压降同业财富管理、短期限财富管理产品，保本类财富管理产品和嵌套类财富管理产品。此类举措推动了财富管理净值化转型。

图 3-1 非保本财富管理产品存续数量

对于中小型银行而言，各项财富管理监管政策的推出为财富管理市场带来了全新的挑战。目前财富管理新规全面落地实施，由于中小型银行财富管理产品逐渐进入净值化时代，产品净值遭遇波动风险，产品收益率完全由实际的投资结果决定，原有的预期收益率将不复存在。图3-2表示的是2020年净值型财富管理产品发行银行机构数量。

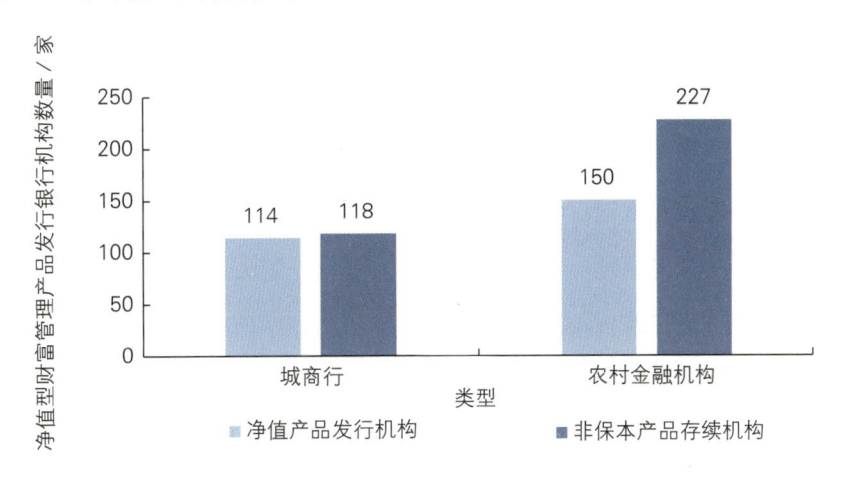

图 3-2 2020年净值型财富管理产品发行银行机构数量

在财富管理净值化转型发展阶段，中小型银行的财富管理业务调整进度明显落后。2020年，中国城商行存续机构的财富管理产品存续量有所减少，同比降低6.17%。农村金融机构的合规财富管理新产品发行难度大，老产品逐步清退，其存续的产品下滑幅度较大，同比下滑11.80%。2020年，有非保本财富管理产品存续的227家农村金融机构中，净值型财富管理产品发行的机构数量仅150家，多达77家农村金融机构未发行净值型产品，占存续机构数量的三分之一。此外，在118家存续的城商行中，也有4家机构未发行净值型财富管理产品。截至2021年年中，仍然有城商行、农村商业银行（以下简称"农商行"）净值化率较低，预期完成财富管理净值化转型比较困难。在全面推动财富管理净值化转型的时代，中小型银行面临着巨大的挑战，需要在收益波动更高的情况下留住客户。

监管规定趋势的变化，势必会影响中小型银行的发展，就短期内而言，新规定的实施会对中小型银行的财富管理业务的发展造成一些冲击。但从长远来看，新规定的实施也是对中小型银行差异化发展最有效的推进方式。

投资与研发能力较弱

中小型银行普遍对于金融市场的财富管理产品投资与研发不足，同时，对非传统的健康养老、碳排放等新兴领域的投资与研发能力也相对滞后。相比经验丰富的大型银行、保险资管机构，中小型银行对于较长期限的财富管理产品投资与研发经验尚显欠缺。国际领先的大银行私人银行业务中心和第三方财富管理机构，对高净值客户和超高净值客户的高端化需求的研究与掌握得更加深刻，但很多中小型银行财富管理业务并没有真正进入这一范畴。

在财富管理产品净值化转型的趋势下，拥有较强的财富管理研究团队对中小型银行来说至关重要，中小型银行需要借助财富管理投资与研发团队来为其资产配置提供建议。然而中小型银行的财力可能较难支撑财富管理投资与研发团队的建设。另一方面，中小型银行所在的城市难以吸引高端财富管理产品研发人才。导致中小型银行没有足够的财富管理产品研发人才来建立投资与研发团队，难以提升投资能力，更难以设计较好的净值型财富管理产品。

销售体系不完善

在打破财富管理刚性兑付以及全面净值化的趋势下，中小型银行过去的财富管理产品销售方式已经无法应对大环境的变化。从财富管理产品营销的微观层面出发，客户经理虽善于销售，但不具备为客户做好财富管理的经验与能力，无法从终身价值的角度为客户的财富保值增值。从财富管理产品销售的战略角度出发，中小型银行目前普遍按条线管理，无法胜任以客户为中心的财富管理模式。零售金融条线、公司金融条线和金融市场条线目前均相对独立且分开考核，虽然这有利于调动各条线的积极性，但每一条线都只发展条线范畴内的财富管理业务、新财富管理产品线和客户渠道，且只关注本条线财富管理业务范围内的增长机会、新技术和市场需求。这些财富管理渠道之间无法实现信息与机会的有效共享，这既不利于中小型银行全面理解客户需求，也阻碍了中小型银行向"以客户为中心"的全方位多渠道财富管理模式转变。

中小型银行需要调整财富管理产品销售体系，提升员工专业素养和业务能力。中小型银行需要在传统的银行考核体系上进行改革，建立三位一体的考核指标体系，将所有级别的财富管理产品销售都作为一个持续的过程来考虑。在全面把握财富管理产品销售团队和个人的财富管理产品销售情况的同时，还应当保证不同财富管理销售团队和个人的考核具有可比性。只有详细分析了财富管理产品的销售情况，尤其是明确财富管理产品销售结构与流程并确定其相互作用后，中小型银行才能更好地建立其财富管理产品销售体系。

金融科技复合型人才短缺

从整体层面上来看，在财富管理数字化转型的过程中，金融科技复合型人才短缺是广大中小型银行长期存在的共同问题。

（1）随着金融科技的蓬勃发展，金融与科技的融合已成为财富管理变革的必然潮流。既懂金融又懂科技的复合型人才在财富管理就业市场上更容易受到青睐，整个金融行业都面临财富管理复合型人才紧缺的难题。在财富管理人才结构上，领军型专家和创新型团队人才的短缺是中小型银行发展金融科技的最大瓶颈。

（2）在我国银行业内，由于国有大型银行和部分股份制银行相继提出了金融科技人才战略并加强支持力度，中小型银行面临着较为激烈的金融科技复合型人才招聘竞争压力。国有大型银行在人才招聘中吸引了大量的金融科技复合型人才，主要股份制银行的金融科技复合型人才占比更高，这无疑对中小型银行的金融科技复合型人才需求造成了挤压。2021年中国六大国有银行金融科技复合型人才数量如图3-3所示。

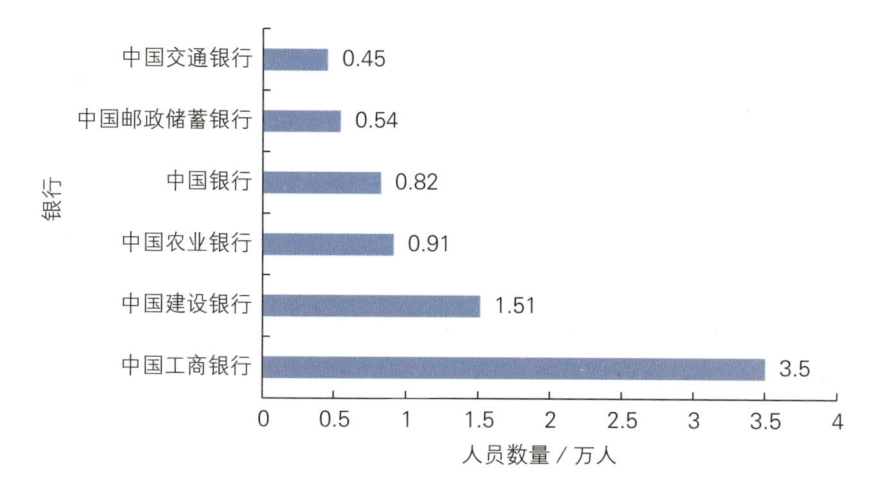

银行	人员数量/万人
中国交通银行	0.45
中国邮政储蓄银行	0.54
中国银行	0.82
中国农业银行	0.91
中国建设银行	1.51
中国工商银行	3.5

图3-3 2021年中国六大国有银行金融科技复合型人才数量

（数据来源：各银行年报）

财富管理涉及财富规模和资产配置的决策问题，决策者不但要熟悉并把握客户的财富管理需求和财富管理偏好，还要能够判断财富管理市场对于风险资产和无风险资产的整体偏好，以及对不同金融工具的深入认知，合理做出投资选择并不断完善投资策略。由于中小型银行财富管理团队多来自零售银行，总体财富管理专业知识相对欠缺，综合财富规划能力也存在不足。

（3）对中小型银行本身而言，虽然不少中小型银行都已充分意识到金融科技复合型人才体系的重要性，并由此制定了相应的金融科技复合型人才培养与发展举措，但是受制于所在区域、银行财富管理业务的规模以及战略实施空间等因素，在金融科技复合型人才的引入、培养和职业发展等层面上还明显不能满足实际财富管理业务发展需求。

成本收入难平衡

规模小的中小型银行存在成本与收益平衡的严峻挑战。每一家中小型银行都只有实现 AUM（图 3-4）后财富管理业务才产生收益。因此每一家中小型银行在开展财富管理业务之前，必须先全面评价财富管理客户基本信息和渠道布局等方面的情况，并仔细测算中小型银行的成本收入曲线，找到中小型银行的 AUM，判断最终是否能够在财富管理中实现盈利。

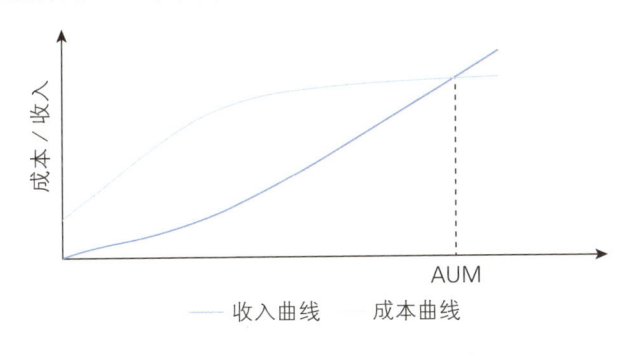

图 3-4　财富管理业务规模效应

中小型银行的财富管理业务相对比较单一，财富管理业务协同性有限，因此预估中小型银行每单位 AUM 所带来的综合价值将低于大型银行。财富管理业务对于中小型银行的核心价值并非带来的直接中间业务收入，其更核心的价值是维护客户关系，提供综合金融服务，与投资银行等其他财富管理业务板块合作发展而产生间接收益。

中小型银行在财富管理客户基础和财富管理渠道布局等方面均存在明显劣势，因此 AUM 拓展空间本身也有很大的限制。同时，中小型银行财富管理业务模式较为单一，其财富管理客户以中小企业为主，财富管理需求量和财富管理产品种类又相对较少，这就决定了中小型银行财富管理与其他业务的协同效应会明显不如大型银行，所以也并非每一家中小型银行都适合独立开展财富管理业务。中小型银行独立开展财富管理业务的必要条件，一方面需要有相应的财富管理客户规模，另一方面财富管理业务能与银行其他业务板块之间产生协同效应，进而产生一定的间接收益。

客户服务缺乏创新

中小型银行普遍缺少个性化、一站式的财富管理服务，无法适应财富管理业务市场日益增长的多元化需求，从卖方向买方服务转型是中小型银行在财富管理行业中脱颖而出的必要条件。中小型银行拓展财富管理业务最重要的是客户服务，保持客户信任需要以客户为中心，通过创新客户服务，保持与客户的长期交流与陪伴，提供财富管理投资观点，以专业能力帮助客户获得满意收益。总之，中小型银行在开展财富管理业务中存在各种短板。

（1）相对于大型银行，中小型银行的财富管理业务起步较晚，加之经营地域受限，中小型银行无法形成面向全国的财富管理业务渠道服务体系，所以中小型银行客户存量相对较小，基础也较薄弱。

（2）中小型银行仍采用以线下渠道为主的获客方式，财富管理业务线上服务能力非常孱弱。

（3）中小型银行网点较少，其客户相对较为保守，习惯了刚性兑付和较高收益的兼顾，面对净值化财富管理产品会不适应，降低了中小型银行的客户黏性。

中小型银行发展财富管理的必要性

近年来,随着经济结构和金融监管环境的变化,各大银行纷纷布局财富管理业务,但与之形成鲜明对比的是,中小型银行在财富管理转型方面的进度相对滞后。主要原因是不少中小型银行尚未认识到财富管理业务对全行未来发展的重要性。本节阐述中小型银行发展财富管理的必要性,主要从以下三方面展开。

存贷利差收窄

随着竞争日渐加剧,商业银行已有的牌照优势、政策性利差等红利开始逐步消失[①]。对于中小型银行而言,随着利率市场化的基本完成,其存贷利差逐渐收窄,盈利能力逐渐下降。一方面,因其现有的产品中中长期定存产品占比较高,又因其客群老龄化严重,AUM 增长乏力,因此存款加权平均利率不断攀升。另一方面,受政策及竞争环境等不可逆转的趋势影响,其贷款加权平均利率不断下降,存贷利差进一步收窄。据统计,农商行与城商行的存款成本普遍为 1.8% ~ 2.3%,贷款利率普遍为 5% ~ 6%,其存贷利差普遍为 2.7% ~ 3.7%(表 3-1)。但随着存贷利差的进一步收窄,中小型银行需积极思考转型路径,提升中间收入,突破现存经营窘境。

---

① 牛锡明. 论商业银行供给侧改革 [J]. 银行家,2016(10).

表 3-1　中小型银行存贷利差平均水平　　　　　　　　单位：%

银行名称	贷款平均收益率企业贷款及垫款	存款平均成本率存款总额	存贷利差平均水平
常熟银行	5.92	2.21	3.71
苏农银行	5.40	1.78	3.62
紫金银行	5.47	1.85	3.62
宁波银行	5.37	1.88	3.49
青岛银行	5.26	1.83	3.43
郑州银行	5.92	2.58	3.34
华夏银行	5.15	1.85	3.30
苏州银行	5.56	2.33	3.23
西安银行	5.28	2.10	3.18
渝农银行	5.01	1.93	3.08
浙商银行	5.52	2.53	2.99
中国民生银行	5.26	2.36	2.90
中国工商银行	4.48	1.59	2.89
中国农业银行	4.48	1.59	2.89
中国建设银行	4.41	1.57	2.84
中国邮政储蓄银行	4.35	1.55	2.80
无锡银行	5.09	2.32	2.77
招商银行	4.34	1.58	2.76

资料来源：公开资料。

若实现中间收入的提升，财富管理业务将成为中小型银行业务转型新的突破点。一方面通过调整现有的存款产品结构，增加如企业年金、储蓄型保险等作为中长期存款的替代品;另一方面,以业务为抓手拓展中青年客户群体,为进一步提升中小型银行的 AUM 奠定坚实的基础。

业务增速放缓

2021 年作为"资管新规"过渡期的收官之年,银行理财产品净值程度不断提高,产品结构不断优化,市场表现稳步上升。然而中小型银行虽然是我国商业银行体系中的重要组成部分,但其在市场规模、客户质量、产品创新能力等方面较大中型银行有着先天的劣势,致使其在"资管新规"的背景下,产品规模及业务规模发展增速趋缓,亟待实现业务转型。

1. 产品规模

截至 2021 年年底,新发行理财产品的银行机构共有 319 家,理财公司共有 21 家。发行产品数共计 4.76 万只,同比减少 2.14 万只,募集金额达 122.19 万亿元,与 2020 年基本持平。其中,城商行与农村金融机构新发产品量约 3.17 万只,市场占比约 66.53%;募集金额约 14.05 万亿元,市场份额占比约 11.51%(表 3-2)。对于新发产品,从产品发行量和募集金额角度看,中小型银行目前存在产品发行数量多而募集资金少的特点。

表 3-2　2021 年新发理财产品数量与资金募集情况

机构类型	新发产品数/只	新发产品数占比/%	募集金额/亿元	募集金额占比/%	募集金额同比/%
大型银行	4023	8.45	272306	22.29	-40.95
股份制银行	2773	5.82	367630	30.09	-21.44
城商行	18731	39.34	109790	8.99	-18.69

续表

机构类型	新发产品数/只	新发产品数占比/%	募集金额/亿元	募集金额占比/%	募集金额同比/%
农村金融机构	12947	27.19	30741	2.52	2.84
理财公司	8596	18.05	440824	36.08	191.13
其他机构	541	1.14	599	0.05	-13.26
总计	47611	100（约数）	1221890	100（约数）	-1.90

数据来源：银行业理财登记托管中心等。

截至2021年年底，仍有存续理财产品的银行机构共301家，理财公司21家。其中包括大型银行6家，股份制银行12家，城商行116家，农村金融机构150家，外资银行17家。理财产品存续数量共约3.63万只，存续余额约29万亿元，同比增长约12.14%。其中城商行与农村金融机构存续产品量约2.02万只，市场占比约55.49%；存续余额约4.73万亿元，市场份额占比约16.34%（表3-3）。对于当前存续的理财产品，从产品存续量和存续规模角度看，中小型银行目前仍存在产品数量多而理财规模小的特点。

表3-3 2021年存续产品数量及规模分布情况

机构类型	数量/家	存续产品数/只	存续产品数占比/%	存续余额/亿元	存续余额占比/%	存续余额同比/%
大型银行	6	1224	3.37	18215	6.28	-69.49
股份制银行	12	2485	6.84	51721	17.83	-35.19
城商行	116	11933	32.86	36158	12.47	-11.16
农村金融机构	150	8220	22.63	11175	3.85	2.52
理财公司	21	10483	28.86	171937	59.28	157.72

续表

机构类型	数量/家	存续产品数/只	存续产品数占比/%	存续余额/亿元	存续余额占比/%	存续余额同比/%
外资银行	17	1974	5.44	824	0.28	7.93
总计	322	36319	100	290030	100（约数）	12.14

数据来源：银行业理财登记托管中心等。

2. 产品结构

近年来，理财产品的期限结构逐渐拉长，"固收+"产品规模不断扩张，理财产品结构得到明显改善。截至2021年年底，1年期以上的封闭式产品占全部封闭式产品的62.96%，同比增长26%。其中，城商行与农商行新发行的封闭式产品占其总发行量的95%以上。

在2021年存续的理财产品中，固定收益类产品存续余额约26.78万亿元，同比增长约22.80%，市场占比约92.34%，其中银行机构存续产品占比约91.96%；混合类产品存续余额约2.14万亿元，同比降低约46.13%，市场占比约7.38%；权益类产品存续余额约800亿元，同比增长约1.09%，市场占比约0.28%（表3-4）。从投资性质角度看，现阶段银行理财产品以固收类产品为主。

表3-4 2021年银行机构和理财公司理财产品存续情况

产品类型	银行机构/万亿元	存续余额占比/%	理财公司/万亿元	存续余额占比/%	全市场/万亿元	存续余额占比/%
固定收益类	10.86	91.96	15.92	92.62	26.78	92.34
混合类	0.90	7.62	1.24	7.21	2.14	7.38
权益类	0.05	0.42	0.03	0.17	0.08	0.28

数据来源：银行业理财登记托管中心等。

3. 业务规模

据统计，目前 A 股上市银行共 41 家，其中国有银行 6 家，股份制银行 10 家，城商行 15 家，农商行 10 家。选取 2017 年年末至 2021 年上半年期间的 15 家城商行和 9 家农商行的财务报表作为中小型银行理财业务规模测算依据，对其业务规模分析如下：

（1）纵向分析

从图 3-5 可以看出，我国上市中小型银行理财规模从 2017 年年末的 2.13 万亿元增至 2021 年上半年的 2.78 万亿元，总体提升 30.52%。其中，上市城商行的理财规模从 2017 年年末的 1.90 万亿元提升至 2021 年上半年的 2.49 万亿元，总体提升 31.05%；上市农商行理财规模从 2017 年年末的 2296 亿元提升至 2021 年上半年的 2850 亿元，总体提升 24.13%。上市农商行的理财规模及平均增速较上市城商行相比仍有较大差距。（本段中的数据均为约数）

图 3-5 上市城商行与上市农商行理财规模

（数据来源：银行业理财登记托管中心等）

自 2017 年起，金融监管不断趋严，我国银行非保本理财规模增速大幅减缓。其中，上市城商行非保本理财规模增速由 2017 年年末的 138% 下降至 2018 年年末的 -20% 以内；上市农商行的规模增速下降更为显著，由

2017年年末的224%下降至2018年年末的−20%以内。而"资管新规"的颁布为银行理财业市场发展带来新的机遇。从图3-6可以看出,自2018年4月起,银行非保本理财产品增速逐步回升,并于2020年2月达到阶段性高点。对应的上市城商行与农商行在非保本理财产品的增速也相应有所提升(图3-7)。同时,上市城商行与农商行的理财规模占比逐渐趋于稳定,且二者差值逐年下降,从2018年年末的5.21%降低至2020年年末的3.43%。

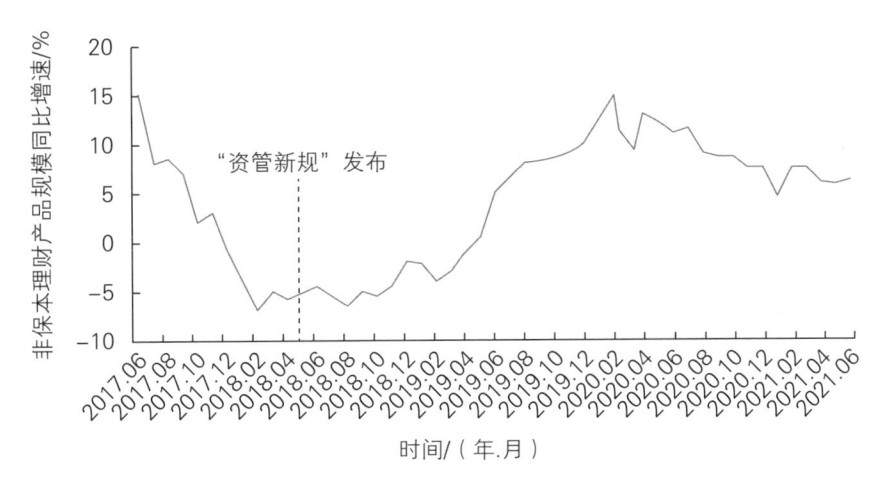

图 3-6 银行非保本理财产品规模同比增速

[数据来源:《中国银行业理财市场半年报告(2021年上)》]

图 3-7 上市城商行和上市农商行非保本理财规模增速

(数据来源:银行业理财登记托管中心等)

（2）横向分析

截至 2021 年上半年，上市中小型银行中非保本理财规模最大的 3 家银行分别为上海银行、江苏银行和北京银行，其规模分别为 4151.68 亿元、3708 亿元和 3317.7 亿元，平均为 3725.8 亿元，合计 1.12 万亿元。从非保本理财规模市场占比角度看，青岛银行市场份额最高，达 31.24%，紫金银行市场份额占比最小，仅有 0.18%（图 3-8）。由此可见，上市中小型银行的非保本理财规模和市场占比均存在着较为明显的分化趋势，且头部效应显著。

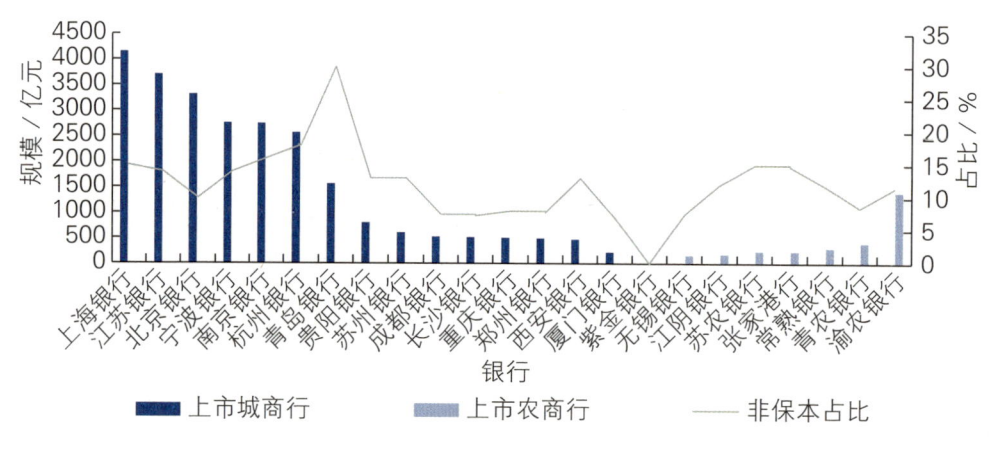

图 3-8　上市中小型银行非保本理财规模及市场占比

（数据来源：银行年报）

在上市中小型城商行的非保本理财规模中，以上海银行、江苏银行、北京银行为代表的六大银行，凭借超过 2500 亿元业务规模位居第一梯队；青岛银行以 1500 亿元左右业务规模位居第二梯队；而贵阳银行、苏州银行、成都银行等八大银行因其业务规模不超过 1000 亿元位居第三梯队。

在上市农商行中，统计在内的 8 家农商行的非保本理财业务规模均未超过 400 亿元，与城商行差距较为显著[①]。

---

① 资料来源：《中国银行业理财市场年度报告（2021 年）》，银行业理财登记托管中心。

监管日益趋严

"资管新规"出台前，我国金融机构资管业务发展迅猛，经营规模持续扩张，为优化社会融资结构等方面带来积极的影响作用。然而，由于监管标准的不一致性，使得同类资管业务成本大幅提升，最终影响金融服务实体的实际效果。在此背景下，"资管新规"的出台正式拉开了我国金融机构资管领域改革的帷幕。为不断推进同类资管产品标准，进一步完善发行、营销及风控等方面的运行机制，2018年至2021年，银保监会陆续出台相应规范细则，有效保护投资者的合法权益（表3-5）。

表3-5　监管制度发布时间表

序号	监管制度	发布时间
1	《关于规范金融机构资产管理业务的指导意见》	2018
2	《关于进一步明确规范金融机构资产管理业务指导意见有关事项的通知》	2018
3	《商业银行理财业务监督管理办法》	2018
4	《商业银行理财子公司管理办法》	2018
5	《商业银行理财子公司净资本管理办法（试行）》	2019
6	《标准化债权类资产认定规则》	2020
7	《关于进一步贯彻落实新金融工具相关会计准则的通知》	2020
8	《理财公司理财产品销售管理暂行办法》	2021
9	《关于规范现金管理类理财产品管理有关事项的通知》	2021
10	《关于开展养老理财产品试点的通知》	2021
11	《理财公司理财产品流动性风险管理办法》	2021

数据来源：公开资料。

（1）"资管新规"在产品净值化管理层面，明确了刚性兑付的认定及处罚标准，鼓励以市值计量所投金融资产。同时，对过渡期结束后仍未到期的非标等存量资产也做出妥善安排，确保市场稳定。"资管新规"的发布对于中小型银行而言是挑战也是机遇。面对金融市场多样化，中小银行更应找准市场定位，回归本源，加强自身基础建设。

（2）《商业银行理财业务监督管理办法》（以下简称"理财新规"）与"资管新规"充分衔接，共同构成银行在开展理财业务需要遵循的监管要求。"理财新规"对商业银行理财业务提出了明确的监管要求，引导理财资金以合法、规范形式投入多层次资本市场，优化金融体系结构。

（3）《商业银行理财子公司管理办法》为商业银行成立理财子公司、开展资管经营业务提供了明确的理论指导，是银保监会落实"资管新规"和"理财新规"的重要举措，推动银行理财回归资管业务本源。

（4）《关于进一步贯彻落实新金融工具相关会计准则的通知》规定理财产品于 2022 年 1 月 1 日起遵循新金融工具准则。本指引的实施对商业银行加强信贷资本管理具有积极影响作用。同时，也有助于完善金融监管、保障实体经济增长。

中小型银行发展财富管理的可行性

客户基础稳固

中小型银行多年的积累沉淀使其拥有了较为庞大的客户群体。在这些客户群中,同时集聚着大量的富裕客群和大众客群,而相比于大中型商业银行,中小型银行比较熟悉这些客户群的软信息和潜在需求,可依托其稳固的客户资源,积极挖掘客群潜能。因此,深挖中小型银行客户群体的需求,为其提供个性化金融服务与产品,是财富管理转型的核心所在。在中小型银行中,农商行面临的主要客户群之一是村民。随着城市化进程的加快,很多城郊区的村民因政府的征地款而一次性获得一大笔财富。然而,由于这些村民受教育的程度普遍不高,缺乏理财投资经验,对于财富管理更偏好于储蓄存款,尤其是3年以上的定期存款。即使购买银行的理财产品,也更偏好于保本理财。对于证券投资,村民不熟悉也不热衷,投资风格极为保守,风险厌恶程度较高,交易频率低。农商行应重点关注这一类客户群体,凭借该类客户群体对农商行的依赖度与信任度,为其成立专门的产品研发部门,提供有市场竞争力的理财产品,如定期存款业务、优惠的抵押贷款以及个人金融咨询服务。农商行还可根据农户的理财需要,按照其生命周期,以终身价值理念为核心,为村民提供全方位的财富管理服务。

区域优势明显

中小型银行作为地区性商业银行，与地方企业在文化、传统习惯等方面都有着很深的渊源，掌握中小企业在资金运营、经营与财务管理等方面的实际情况，这解决了银行和企业之间信息不对称问题，可大幅度降低贷款交易成本。此外，由于中小型银行常年根植于地方，与客户的联系也较为密切，可以更好地了解客户需求，并提供更加优秀的产品与服务。

在本地经营的发展过程中，中小型银行常常能得到当地政府部门不遗余力的帮助。加之中小型银行的地理位置往往接近当地，对其运营情况、资信能力等较为熟悉，在信息上往往具备地缘、人缘、时间的三重优势，因此，中小型银行更容易发现机会，也可以较合理有效地回避风险。此外，由于我国中小型银行贷款的资金要求呈现个性化发展趋势，因此中小型银行往往与银行客户群体间相距较短，更容易找出我国银行信贷的个性特征，从而结合地缘资源优势，以迅速形成自身的核心竞争力，为发展财富管理业务积累稳定的资源。

决策机制灵活

中小型银行与其他商业性金融机构相比，其最重要的优点在于决策机制链条短，而且其职能设定也相对灵活，这样中小型银行就能够依据市场需要，灵活地调整其业务发展方向。由于大中型银行总体规模相对庞大，因而一旦金融市场环境变化，大中型银行就很难及时调整业务发展方向。相对而言，中小型银行在业务发展决策上的调整较为灵活。

中小型银行与一般金融机构相比，人员构成相对单一，且人员规模也较小，决策机制灵活，所以业务可控度较高。有些大型金融机构由于规模过大往往容易发生管理疏忽等问题，导致其服务水平与中小型银行存在差异。所以，中小型银行的服务水平相对可控性较高，这也为其转型财富管理创造了更有利的条件。

中小型银行转型财富管理的主要优点还表现在业务效率方面。中小型银行的流程申请较其他银行更加简便迅速，这也是提升业务效率的关键原因。目前，我国大多金融业的客户来自高尖端领域，这些领域往往更注重服务效率，在其他条件相似前提下，更高的服务效率才更容易留住客户。中小型银行的服务效率较高，也是转型财富管理的主要竞争优势所在。

代销经验丰富

自2020年以来，部分中小型银行已经着手铺设他行的代理途径，为理财产品企业开辟销售途径，而更多的中小型银行和理财产品企业也纷纷考虑了同行业协作的代理模式。协作代理模式出现的背后主要有以下两个因素。第一，从中小型银行的角度看，由于互联网银行存款业务的收紧，传统自营网络银行业务承压，亟须开辟新型的服务模式来弥补行业空缺并留住客户，而代销是一个良好的现实选项；第二，从理财产品子公司方面看，从母行中分拆出去的商业银行理财子公司的运作将越来越市场化，除获得母行的资金支持之外，也必须发掘外部渠道为理财子公司实现获客目标，这也是市场化管理运作的"双赢"式合作。

营销资源充沛

从中小型银行提供的产品及服务来看，中小型银行服务营销资源充沛。中小型银行通过市场细分，提供在自己的能力及财力范围内的服务，以便找到准确的市场定位，开展营销活动，积累资源和客户群体。对于金融业来说，主要的市场细分标准为地域和人口因素。

（1）按照地域细分，即按照中小型银行能够提供服务的地域来进行细分。中小型银行能够将财富管理服务渗透到城、乡、街道等社区"毛细血管"，然后根据这些地域中本地化特色需求，有针对性地为这些区域提供产品和服务。

（2）按照人口因素进行细分，即将市场分为个人客户市场和企业客户市场。针对个人客户市场，中小型银行能够利用本地文化、习俗、社会关系等设计理财、存储、信贷等差异化产品和业务。针对企业客户，中小型银行凭借其对目标客户的资信状况、经营现状的深入了解来提供信贷、理财等服务。中小型银行在运用营销资源时从企业的营销需要入手，提高客户对商业银行的信任度。除了对外宣传，中小型银行还可通过技术宣传，如利用商业银行内部信息管理技术水平的提高为银行业务宣传。

科技基础扎实

近年来，中小型银行在金融科技应用上取得了相当突出的成就。中小型银行也普遍开始将数码信息辅助工具运用于业务运作、服务、运营风险控制、营销管理等重点环节，从"信息数字化转变"迈入"信息数字化转型提升"的全新快速发展阶段。

在顶层设计方面，中小型银行不断完善内部资源配置，以形成适合自身数字化转型路径的扁平化科技管理框架。

就组织架构来说，2021年中小型银行企业对金融科技部门的关注程度增加，如图3-9所示，报告中的调查结果表明，79%的被访问企业金融科技部门均属一级部门（2020年为72.97%），由银行领导部门统管。

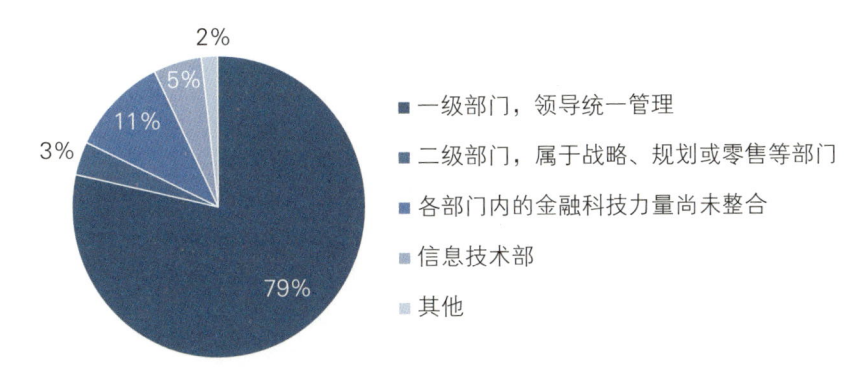

图3-9　银行金融科技的组织关系

［数据来源：《中小银行金融科技发展研究报告（2021）》］

中小型银行也打造相应的银行科技管理团队架构，组建敏捷团队，快速响应市场变化。

从具体服务内容与技术出发，69.64%的中小型银行更重视在"电话银行、网上银行"等领域进一步发力，而互联网银行业务、基于社会网络平台的金融服务、在线供应商金融服务等线上服务也普遍受到关注。78.57%的中小型银行已将移动互联网技术应用到服务中，73.21%的中小型银行已将大数据与分析技术应用到服务中。其中，九成以上的受访中小型银行都认为金融科技赋能乡村振兴，可以巩固中小型银行信贷风险的本地优势。各家中小型银行根据普惠金融、"双碳"等策略，推行了纯信用贷款、私人碳账户，发展绿色金融以及相应的纯线上数字化产品，弥补了传统金融市场空缺，也反映出金融科技发展对金融服务革新的巨大驱动力量。

此外，在金融科技的赋能下，中小型银行服务范围也正在进一步扩大。

据调查，48.21% 的受访企业生态圈将建设的焦点从金融、生活服务、社区、电子商务、外卖、休闲、出行、旅游等日常生活各领域出发，建立一站式服务系统，形成具有丰富场景基础的企业 App 生态圈[①]。

[①] 资料来源：中小银行互联网金融（深圳）联盟等发布的《中小银行金融科技发展研究报告（2021）》。

第四章

中小型银行财富管理转型路径

发展理念转型

传统业务面临挑战

中小型银行普遍面临的多重压力，若要在日益激烈的市场竞争中开辟一条新的生存发展之路，有必要摆脱原有传统理念，拓宽思路和更新理念。拥抱财富管理业务和数字化新时代，利用数字化财富管理的轻资产、弱周期和客户黏性强等优点，缓解业务压力，是中小型银行转型的必经之路。

中小型银行盈利模式及面临的挑战，如表 4-1 所示。

表 4-1 中小型银行盈利模式及面临的挑战

业务类型	盈利模式	面临的挑战
传统业务	银行以净利息收入为主要盈利来源，业务发展以资产规模扩张为主要模式，以存贷规模的增长支撑盈利。 特点：经营模式简单，利润高，相对风险小，利润来源稳定	银行提供的服务种类相对单一，银行之间的服务差异较小，客户黏性下降。 随着我国利率市场化，汇率自由化，存贷利差收窄，中小型银行面临多方面的经营压力，需要开拓新的利润来源
非传统业务	零售业务的对象是中小客户，通过合理安排客户个人理财，开发和销售成套金融产品，为客户谋取利益，防范风险，发展自身利益的银行业务。 特点：具有客户广泛、风险分散、利润稳定的特点	银行考虑到成本收益比等因素，大多数的金融机构都将目标客群聚焦在高净值客户。针对高净值客户持续创新产品和服务。针对大众客户，通常简单运用金融科技来提供标准化的产品和服务

续表

业务类型	盈利模式	面临的挑战
中间业务	银行利用自身在机构网点、技术手段和信息处理等方面的优势，为客户提供代收、代付、委托等服务，并收取手续费。 特点：不需要使用银行自有资金，具有收益稳定、风险低的特点	金融脱媒：银行失去了融资主导地位，涌现各类机构在借贷过程中充当了信息中介的角色，成为金融脱媒的工具，这使得银行的存款不断流失，企业也不再寻求银行获得融资，而是转投其他平台。 技术脱媒：在技术进步和消费平台的驱动下，通过第三方支付，互联网企业开始介入银行的零售业务。互联网企业发展信用卡、个人信贷、支付结算等业务，使得银行的支付中介职能和信用职能被部分替代

银行传统业务面临的以下三个方面的压力。

（1）存贷利差收窄、资本市场向直接融资发展是长期趋势，中小型银行必须主动采取措施，开辟新的收益来源。

（2）中小型银行目前的运营模式较为单调，主要依靠存贷业务，对资本的消耗极大，而当下单靠利润留存并无法实现业务的可持续性。特别是随着存贷利差的收窄，银行资本内生补充更加困难，且近几年来我国农商行资本充足率快速下降，资本补充面临巨大压力。

（3）由于金融科技的迅速发展，客户更换服务银行的成本越来越低，近年来各家银行的竞争也逐渐激烈。

解锁数据驱动新理念

1. 通过大数据进行精细化客户管理

过去的客群划分主要以客户所持有的资产规模为依据，即划分为大众客群、中端客群、高端客群、私人银行客群等，为不同类群的客户配置不同的资源规格和类别。而在人们步入数字化时代之后，单纯根据资产规模进行划分的方法难以适应客户多元化的需求，客群划分必须以数据分析为基础，从客户的年龄、职业、兴趣、消费、风险偏好、行为模式、价值取向等方面来完成大数据采集，并利用大数据挖掘技术进一步把目标客户层层细化，银行将根据细化后的目标客群进行更好的产品设计与实施销售计划，向客户提供个性化的咨询和服务，从而使每一位目标客户都能产生更大的经济价值。[1] 银行也需要通过数字化赋能来提升投顾服务效率，为客户提供更加便捷和实时的线上服务。通过对客户的人口统计学特征与交易行为特点进行细分，构建多维度细分且立体生动的客户画像，从而实现以客户需求及客户属性为中心的产品服务的规划与创设。

2. 利用大数据为客户提供个性化、多元化的数字体验

随着数字化时代的到来，信息与平台渠道的增多，过去银行提供的产品和服务大部分基于标准化模式下开发的产品，更新迭代的频率不高，很难满足客户的个性化、多元化和实时化的产品服务需求。银行需要利用已掌握的大数据资源和科技能力，从客户需求出发，为客户提供综合化的解决方案，构建完整的产品体系架构与个性化财富规划方案。大数据分析挖掘技术能够实现对客户的精准画像，以达到精细化管理的目的，为提供个性化产品与服务奠定重要基础，实现交易成本降低、风险管理水平提升等总体发展目标。通过数字赋能，银行可使客户在不同的人生阶段、不同的需求下，都能获得针对性的财富管理建议和产品，实现大数据时代财富管理的个性化、实时化和多元化，提高客户的数字化体验。

---

[1] 王剑，田维韦，戴丹苗. 中小银行财富管理：业务分析及海外案例［R/OL］.（2022-02-22）［2022-09-07］. https://mp.weixin.qq.com/s/VGZqcr3B-kf-X5RrKyPe-A.

领导能力转型

近年来,在宏观方面,我国经济结构调整,监管环境重塑;在微观方面,城乡居民可支配收入持续增长,新冠肺炎疫情也导致居民理财观念进一步转变。中小型银行若要迎合客户需求,提高客户黏性,提升盈利能力和稳定性,就必须积极布局财富管理,在行动上快速实施财富管理转型战略。

中小型银行财富管理转型发展面临着经济金融形势复杂、金融竞争激烈以及转型发展艰难等问题,是一项难度非常高的系统性工程。涉及银行组织战略、组织系统相互支撑、行内文化协同等问题,也涉及从董事会、管理层到基层全体员工能否按照战略、组织和文化要求协同贯穿执行的问题。财富管理转型是中小型银行战略级的重大转型,务必由银行的最高管理者亲自主导并参与推进,因此中小型银行管理者应提升自身能力,做好战略谋划和增强数字化意识,如图 4-1 所示。

领导能力转型

提升自身能力
- 领导层财富管理转型观念一致性
- 提升对财富管理业务的理解
- 提升综合管理素养

做好战略谋划
- 明确战略定位,做好顶层设计
- 差异化发展,打造核心竞争力

增强数字化意识

图 4-1 中小型银行管理者的领导能力转型框架

提升自身能力

企业的战略转型一定要从企业的顶层设计开始，因此，中小型银行的财富管理转型必须要首先从银行的最高管理者开始，银行的主要管理者必须要弄清楚未来财富管理发展的方向，学习新的财富管理发展理念，掌握一定的财富管理专业知识。

管理者具有坚定的变革理念和明晰的转型路径，是中小型银行实施财富管理转型的先决条件；中小型银行的最高管理者应提升个人领导能力，适应数字化转型和市场竞争加剧的时代要求。对中小型银行领导者而言，需要在战略、组织、机制、管理、文化等方面为财富管理转型提供强大的支撑，并在实践中不断提升银行财富管理能力。其中，战略洞察能力、企业运营能力、内外部的影响力和资源整合能力，是领导者引领中小型银行财富管理转型的必要条件。

1. 领导层财富管理转型观念一致性

中小型银行领导层对财富管理转型愿景认识要统一，并具备在整个组织内自上而下地逐级传递该愿景的能力。董事会必须对财富管理转型的紧迫性和必要性达成一致，同时在转型初期就加大对财富管理转型进行持续的资源投入。对最高领导者而言，必须将财富管理转型作为其最优先的工作目标之一，并向银行内外明确传达财富管理转型的愿景。对高层管理者来说，应当一致认可财富管理转型的战略，同时认识到现状与目标状态之间的差距，且能够在银行内推进财富管理转型。

2. 提升对财富管理业务的理解

"学然后能行，思然后有得"，中小型银行领导者在财富管理领域须勤于学习，敏于思考。中小型银行领导者需要对财富管理转型中涉及的新业务、新技术以及新模式进行深入研究，敏锐地洞察国内外市场环境的变化，进而占得先机、把握机会。当前，中小型银行面对财富管理转型的大潮，客户需求日益变化，科技发展日新月异，市场瞬息万变，新业务、新模式、新业态不断涌现，这就从客观上要求领导者持续学习，掌握现代银行财富管理的理论，能够更深入认识并掌握市场规律，获取新科技、新模式、新方法，带领组织不断提升开展财富管理业务的综合实力。

作为中小型银行财富管理转型的领航者，领导层应基于深刻的财富管理业务理解，同时具备平衡能力和前瞻视野。对业务和管理都具备深刻的理解，能够清晰地预见财富管理将如何改写银行发展布局；有远见，能够理解财富管理不同阶段的趋势，不断积极地突破自我，为适应未来需求不断提升自身的实力。

3. 提升综合管理素养

中小型银行财富管理转型要取得成功，其领导者需要跳出固有的思维模式，在素质和风格上向财富管理体系靠拢。具体而言，领导力修炼的六大转变包括：一是从注重个人转变为注重团队转变；二是要从注重人治转变为注重机制；三是要从注重眼前转变为注重长远；四是要从注重竞争对手转变为注重客户需求；五是要从注重权力性的影响力转变为注重非权力性的影响力；六是从注重现有能力的发挥转变为注重素质培养。[1]

在实施财富管理转型过程中，领导者的综合管理能力应重点体现在以下三方面：一是带领团队度过文化适应期，能够识别与理解财富管理团队与以往组织下团队的文化差异，同时能够在更广的组织范围内实施文化转型战略；二是保持灵活机制，可以不断"复盘"变革的步伐，随着内外部

---

[1] 资料来源：《专访复旦大学EMBA项目学术主任包季鸣教授：企业转型提升领导力是关键》，复旦大学管理学院网，https://www.fdsm.fudan.edu.cn/aboutus/fdsm1393501633694.m?lookuphost=http%253A%252F%252Fwwww.fdsm.fudan.edu.cn&lookuppage=%252Fcs%252FAboutUs%252Ffdsm1393501633694。

环境的变化进行反思并调整财富管理转型策略；三是加强全行协作，可以推动不同业务部门的负责人对转型的优先顺序和时间安排达成一致，制定共同的目标并开展协作。

做好战略谋划

对于中小型银行领导者来说，必须要认清形势，积极拥抱变化，顺应财富管理转型的发展大势，明确适合自身组织的战略定位、形成差异化竞争力，将重心向有前景的新需求、新市场、新产品倾斜，锲而不舍，勇往直前，以财富管理转型推动银行行稳致远。

1. 明确战略定位，做好顶层设计

在实施转型的过程中，领导者一个最关键的任务便是明确银行发展方向。合理的战略方向是银行发展的指路明灯，既能促进银行向前发展，也能有助于银行形成长期的竞争优势；合理的战略方向可以调动员工创新热情，既可以使员工看到他所从事工作的价值，也可以使员工保持良好的士气和充沛的活力。

面对金融市场环境的巨大变革，领导者要能敏锐地把握市场机遇，能发现其他人所看不到的事物，要快速适应金融市场环境的变化，进行财富管理转型的顶层设计，合理且迅速地决策，这将决定转型的成败。银行领导者要做好决策，实际上也对银行战略研究部门提出了更高的要求，需要战略部门加强策略调研、前瞻研究，为领导的决策提供强有力的支持。如今，经济环境、监管要求、金融市场结构、客户需求、科学技术等都处于动态变化环境中，客观上要求中小型银行领导者据此迅速做出适当的决策。

2. 差异化发展，打造核心竞争力

中小型银行在向财富管理转型过程中，切记不能拘泥于行内已有的核

心竞争力（品牌、网络、渠道等）。大环境的改变，使得以往的核心竞争力、竞争优势很有可能变成未来前进道路上的巨大阻碍。在财富管理转型过程中，面对内外部环境的巨大变化，需要有的放矢，积极打造新型核心竞争力。

由于客户需求日趋多元化，财富管理业务存在着明显的个性化特征，产品标准化程度较低，财富管理市场已呈现出多样化客群需求和多层次竞争格局的特征。中小型银行在实施财富管理转型前，需要根据自身实际情况找准定位，结合自身资源禀赋定位目标客群，并参考不同客群的财富管理诉求、风险及投资偏好，提供差异化产品与服务。总而言之，中小型银行领导者应为银行的财富管理转型找到自身的竞争优势，采取差异化业务举措，从而谋求差异化发展，在财富管理细分领域打造核心竞争力。

各类银行乃至同类银行之间都在积极探索各自差异化的财富管理发展举措，中小型银行在服务的地域范围、规模、客户群体等方面都有着自身特点。鉴于大型银行已经在财富管理业务上领先做出成效，因此中小型银行在财富管理转型之路上要尽量避免与大型银行的正面交锋。与大型银行相比，中小型银行具备历史包袱轻、"船小好调头"、决策半径短、地域优势突出等先天优势。中小型银行正面临着向精细化、特色化转型的挑战，应根据中小型银行的特点，制定差异化的业务举措。中小型银行领导者可从客群管理、产品体系及资源联动、客户综合服务能力、品牌创设等方面打造自身核心竞争力。

增强数字化意识

在转型实践中，一方面需要银行的决策者从业务转型上制订并坚定执行战略定位和组织规划；另一方面，需要加快数字化赋能，实现客户精准画像，帮助一线财富管理从业人员更好地识别和服务客户需求，为中小型银行财富管理转型做好精准营销和风险把控。

随着数字化变革的深入推动，数字化将不断重构中小型银行的财富管理运营模式：通过数字赋能使银行可以做到成本可控下的"千人千面"，并利用大数据分析技术进行客户画像、分层分类，利用模块化和参数化方法，高质高效地为客户提供个性化产品，以满足客户多元化需求；数字赋能使中小型银行全面重塑风控模式，使其风险管理理念由控制风险向经营风险转变，风险决策方式将从极大依赖专家经验向主要依靠数据分析转变。在数字赋能之下，中小型银行能够更好地提升财富管理服务体验。

因此，数字化转型应作为中小型银行财富管理转型的重要部分，中小型银行的领导层、决策者要作为数字化转型的"引领者"，决策思维要从经验评判向"数据说话""智能决策"过渡。中小型银行最高领导者必须全权负责、清晰地勾画出整体数字化发展愿景，将之视为全行的关键任务并推进执行。各业务单元负责人则必须共同努力实现最高领导者制定的数字化发展目标，并在相关行动中投入相应的时间和精力。

总之，对于中小型银行来说，财富管理转型是一项复杂的系统工程，每家银行具备不同的特性，没有标准的模式能够参考。面临经济环境的不确定性和近年来新冠肺炎疫情的突发性，即便前行的路途坎坷不平，中小型银行领导者仍要不畏艰险，特别是带领银行财富管理转型的"一把手"，需要集聚智慧、勇气、胆识、魄力和胸怀于一身，始终把握前进的大方向，提升驾驭不确定性的能力，引领中小型银行财富管理转型走向成功。

组织架构转型

由于经济金融结构调整和监管环境变化，中小型银行应对财富管理业务给予高度重视，其财富管理业务要想取得长久发展，需要以客户的视角来创新、优化经营和管理方式，形成以客户为中心的经营理念。当然，这也并非一个短期简单的过程，需要银行对当前组织和运营模式进行体系化的改造，其中涉及业务条线间的协同、前中后台团队的建设、绩效考核机制等各个方面。中小型银行必须明确以客户为中心的买方经营模式，持续创新和优化组织架构及运营模式。

组织架构体系是银行内部工作得以高效良好运行的基础，而内部控制的建立和完善对于一个银行实现其经营与管理目标来说十分重要，因而构建适合自身情况的财富管理组织架构体系是我国中小型银行实施财富管理战略转型的前提。

组织架构短板

我国银行业尤其是中小型银行，在发展过程中出现了风险累积、不良贷款加剧、管控力下降等问题，其中的一部分原因是固化的管理运营模式。具体来看，当前中小型银行的组织架构设置主要面临着如下困难。

（1）目前，中国中小型银行普遍按照业务条线划分的小部制、总分行式组织架构，但现行小部制组织架构阻碍了有效的协同合作。纵向来说，条线内部信息沟通协调成本较高，自上而下的条线管理松散，自下而上的沟通反馈滞后，总行与分支机构之间存在合作障碍；横向来说，总行前台部门与中后台部门、前台相关部门之间由于岗位立场、流程设置差异等问题无法高效地协同合作，无法满足交叉销售、跨部门协同等要求。

（2）组织架构的设置难以体现差异化与特色化。中小型银行当前组织架构难以支撑其坚持的差异化特色化经营理念。由于中小型银行实施更名和跨区战略，导致其在业务、管理乃至架构设置上逐渐呈现与大银行高度同质化的趋势，且跨区经营的中小型银行普遍存在管理层级多、汇报路径长、流程周期久、人浮于事、中后台体系臃肿繁杂等大企业病。与理论上中小型银行拥有的管理半径小、决策链短、贴近市场的比较优势相去甚远。

（3）组织架构的设置难以体现和适应发展战略转变的要求。组织架构设置作为贯彻发展战略的重要组织保障，一成不变、僵固老化的组织架构将阻碍新战略的实施，需要根据有利于战略落地的要求做出适当调整。然而，很多中小型银行虽已调整发展战略，却未对组织架构进行相应调整。

（4）组织架构的设置已无法适应经济新常态下风险变化的要求。当前，粗放式经营、简单式风控早已无法支撑银行高收益高成长的局面，银行应该从过去只专注信用风险、操作风险和市场风险的传统风控模式向全面风险管理转变。目前，中小型银行的组织架构设置无法支撑全面风险管理的有效实施，中小型银行应深入思考怎样通过组织架构设置以及相应的流程再造，实现有效防范系统性风险、把控合规风险、避免信息科技风险、审慎挑选交易对手、科学设计交易结构等。

（5）组织架构的设置无法满足数字化转型的要求。伴随着金融科技的发展，物联网、大数据、云计算、人工智能等信息技术正全面颠覆传统银行的经营管理模式，包括网点建设、厅堂设置、团队建设、产品设计、营销策略、机构设置等。目前，多数银行对数字化转型的思考仍停留在其引发的新业务、新市场变化的层面，尚未将数字化转型作为关键考量因素去搭建新型银行架构。

（6）组织架构的设置无法满足精细化管理的要求。由于存贷利差持续收窄、资本补充难度逐渐提升、市场边界突破愈来愈困难，怎样有效且合理配置人、财、物等资源，从而进行精细化管理，已成为各家银行不得不思考的问题。组织架构设置的本质就是管理者对人才、团队、职责和流程的梳理布局，合理的组织架构能够带来上下联动、高效协作的整合协同效应。但是中小型银行多数存在因组织架构设置不合理导致的权责不清、路线模糊、效能降低等问题，因此中小型银行实施精细化管理转型的前提条件就是组织架构的优化设置[1]。

目前块状管理组织架构导致的分支行执行力的不足问题，是中国许多银行发展的重要障碍之一。组织架构设置不合理带来的资源分配到财富管理板块不足以及新业务举措在分支机构实施受阻等问题，都将推动中小型银行的组织架构转型。在未来，我们认为成功的财富管理体系必将向一种更加垂直化管理、专业性更强和更为灵动的组织架构发展。

组织架构优化

1. 中小型银行财富管理组织架构再造总体原则

中小型银行在设计财富管理组织架构时，要尽快破除传统理财业务与财富管理之间存在的界限和"鸿沟"，成立新型的财富管理组织，实现"融合创新"，重构银行的业务组合、协同方式和管理层级。组织的发展本身要尽快匹配财富管理战略转型，其重点表现在：对内突破团队壁垒，对外突

---

[1] 方五一. 对中小型银行分支行组织架构优化设置初探[J]. 上海金融，2015（7）:6.

破组织边界；效率不再来自分工，而是来自合作；绩效管理重要的是鼓励创新，而非考核；建立互为主体、共创共生的组织文化。

新的组织架构要能够使组织由如同"流程机器"一般运作，转变到成为生机勃勃、不断进化的"有机体"。每个经过财富管理赋能的团队都应该以客户为中心，紧密合作，达成一致的发展目标，并可以迅速分割整合重组；而管理者则在其中扮演沟通、支持、赋能的角色，协助团队完成各类任务，如图4-2所示。

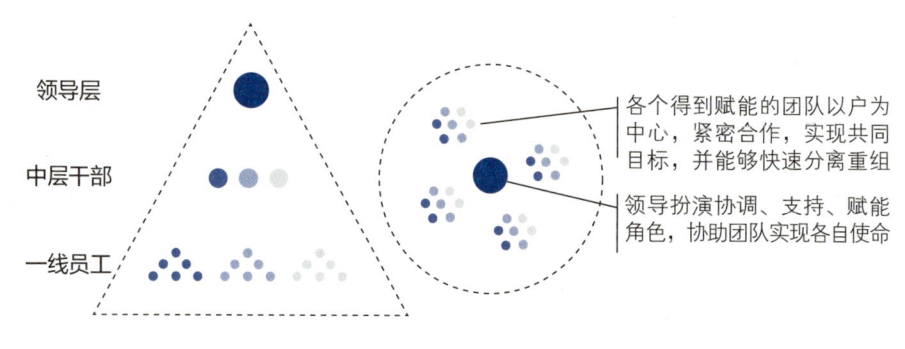

图 4-2　打破传统组织壁垒

2. 构建内部协同合作的交叉销售型组织架构

麦肯锡、波士顿等国际一流管理咨询公司提出，财富管理应以客户为中心[1]，通过重建零售板块的组织架构[2]，逐步打破传统小部门之间的"围墙"，搭建大部门或虚拟大部门，以实现各个相关部门之间的协同合作和交叉销售，为客户提供一站式的综合性金融服务产品。

国外银行的大零售战略在一定程度上与我国的财富管理战略有共同之处。我国中小型银行应该参考国外中小型银行大零售战略成功经验，结合自身的总体发展战略、所处发展阶段、业务特色和目标客户群体等搭建适

---

[1] 资料来源：《中国零售银行业的新纪元》，麦肯锡公司，2012年。
[2] 资料来源：《完美零售银行2020——人性、科技、转型、盈利》，邓俊豪，何大勇，张越等，2015年。

合自身的财富管理组织架构。

金融危机的爆发，使得世界范围内的多数商业银行开始通过大零售战略寻求转型发展，而且不少中小型银行通过实施大零售战略取得了丰硕成果，在中小型银行实施大零售战略方面的佼佼者当属美西银行（Bank of the West）。

美西银行的大零售板块分为传统零售业务、小企业业务、财富管理，相应地覆盖了普通零售客户、小企业和富裕人士，由消费者金融部和财富管理集团两部分构成（图4-3）。大零售板块的组织架构中，消费者金融部和财富管理集团分别内设了风险、合规、财务等业务支持部门，并同时向总行对应条线汇报，打造了矩阵式管理架构，对大零售战略的有效实施发挥着强有力的保障作用。

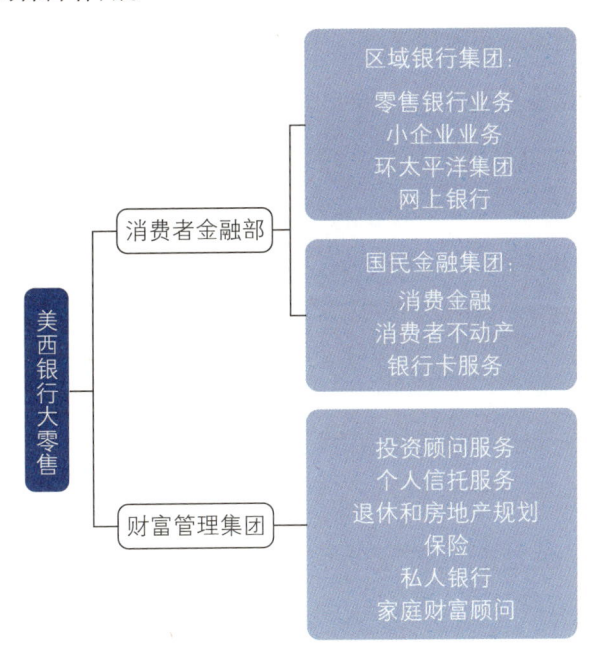

图 4-3　美西银行大零售板块组织架构图

参考美西银行大零售转型的组织架构设计，我国中小型银行可将财富管理相关部门加以整合，并结合各自特点在不同业务条线实行事业部制、子公司制或矩阵式架构制，还可设立专门的渠道管理部门，也可以通过设置双线汇报的内嵌支持部门来提高运作效率。另外，我国中小型银行要强调以客户为中心，为客户提供综合性服务，就必须重视交叉销售。中小型银行还应该对组织架构实施动态调整，同时建立全行认可的交叉销售绩效管理制度。

通过重塑组织架构，整合财富管理相关的各项优势资源，提高财富管理业务的集约性与专业性，增强跨部门协同沟通能力；通过将行内相关业务乃至全集团其他金融产品链接到财富管理模块，推动财富管理产品与服务的多元化，满足客户综合化的金融服务需求，以取得在业务合作、专业技能、产品和服务等多方面的优势，助力财富管理战略顺利推行[①]。

3. 财富管理部门组织建设

未来中小型银行为实现以客户为中心的组织架构，应成立专门的财富管理部门，有条件的可以成立理财子公司。未来的财富管理业务包括两个非常重要的部分：金融产品线的搭建、非金融增值权益体系的搭建，在总行层面，中小型银行需要考虑在不同发展阶段，如何建设财富管理部。

（1）在财富管理转型初期，中小型银行可以暂时不必单独设立财富管理部，建议结合经营目标，短期内财富管理部设立在零售部下，后续规模扩大后再单独设立与零售部平行的部门。但无论在哪个阶段，财富管理必须包括两部分，一是负责客户经营的团队，负责客户经理管理、客户管理、客户增值体系搭建；二是负责产品线搭建和引入的团队。

---

① 王婷. 中小型银行大零售战略转型研究——基于美西银行的经验与启示[J]. 金融理论与实践，2019 年第 5 期：64-71.

（2）在中小型银行财富管理转型过渡期内，应设财富管理部和财富管理中心。

财富管理部的职责包括：客户管理，财富管理目标客户营销、分析、拓展及关系维护；增值服务管理，建设客户权益平台、非增值服务体系；营销管理，品牌建设、宣传推广、营销策划以及客户积分管理等；团队管理，理财经理团队建设与管理、财富顾问团队建设与管理、内训师管理；系统管理，统筹系统规划、统筹系统应用培训。

财富管理中心的职责包括：经营管理，负责财富管理的规划、年度经营计划、发展策略与同业实践研究；制度管理，财富管理相关制度管理与监督执行；投资咨询，负责投资研究、研究投资策略及大类资产配置策略、资产配置系统建设及维护、投资顾问培养；渠道管理，把握财富中心建设需求和标准、线上渠道建设需求和标准；产品管理，产品体系建设、产品培训、产品营销支持、私募信托产品准入管理。

（3）中小型银行财富管理转型成熟阶段，财富管理部应下设以下部门：客户管理部，负责客户管理、营销管理、服务管理；经营管理部，负责贵宾理财经理管理、系统管理、经营管理、制度管理及渠道管理；产品管理部，负责产品管理、产品营销、产品运营；投研投顾部，负责投研投顾、资产配置、财富顾问管理。

在岗位设置上，中小型银行应建立基于客户综合需求下的财富管理组织架构，尤其要重视当前中小型银行较缺乏的产品管理岗。大多数中小型银行的组织架构较扁平，以二级或三级架构为主，分为总行、职能部室、一级支行（管辖行）、二级支行，采用三级架构的银行需在一级支行层面设立产品管理岗，负责区域内产品营销、策划、推动，以及对二级支行营销人员的产品培训。

4. 内外部资源引入机制

基于财富管理业务发展的内外部资源引入机制，此处以多家中小型银行联合搭建中后台和银行内部资源协同两类机制为例进行阐述。

（1）中小型银行前端客户经理长于产品销售，却在资产配置能力上稍显不足，建立强大的中后台体系有助于补足前端的短板。从成本与效益角度考量，可以考虑多家中小型银行联合搭建资源共享的中后台。中小型银行大多深耕本地，客群重合率相对较低，因此联合搭建强大的中后台系统是可行有效的。

（2）在银行内其他部门及外部资源引入方面，中小型银行可以将基金、保险等生态圈纳入财富管理合作体系，将交叉销售从银行内部扩展到更广层面，充分利用内外部资源综合金融平台的优势打通客户迁徙渠道。以光大银行2021年公布的财富管理银行体系构建蓝图为例（图4-4），光大银行从金融科技创新和集团内部协同两方面着手，以零售金融业务、公司金融业务和金融市场业务三大领域的发展为重点，构建全面的财富管理布局。

图 4-4　光大银行"一流财富管理银行"体系

5. 基于特色化经营的要求设置组织架构

中小型银行财富管理转型升级的阻力之一，是其组织架构没有随着市场需求变化，未能根据客户特征灵活设置，而是采用了"一刀切"的标准化设置方式，但差异化经营尤其需要具备灵活完善的组织架构。在考虑财富管理特色化经营方面，可以设置特色化组织，其具体架构一般有三种：一是结合行业部、事业部的垂直专营化方式设置组织架构，其信审合规、审查审批等中后台进行嵌入化的一体式运营，这是一种全功能、全流程的组织架构设置。二是采用营销团队的模式，沿用传统的中后台模式，这是一种有限功能的架构设置。三是建立特色专营支行，这是一种全功能全流程、自成体系的架构设置[①]。

6. 金融科技创新力量融入组织体系

如今，由于银行数字化转型加快，组织的有效运转需要更强的专业能力和管理水平。中国中小型银行应尝试重新确立总–分–支行的体系和彼此间的联系，在全新的组织架构和管理模式下，总行是财富管理战略的总指挥，打造以客户为中心的敏捷团队。由"总行大脑"负责组织专业队伍，提供数据中台、业务中台、技术中台等中台，垂直向下地输出给分支行，帮助推进业务更加专业、高效。

在基础业务实现了数字化、智能化后，财富管理团队可以将更多的时间和精力用于复杂业务问题的解决上，更好地服务客户。真正实现"人＋数字化"的融合，让财富管理线上与线下的渠道优势更加有效释放，这是跨赛道、跨平台、跨客群的全方位考验。不但要求银行能够有效打通线上与线下渠道，重塑银行内在资源与实力，更要求有效对接外部市场

---

① 方五一. 对中小型银行分支行组织架构优化设置初探[J]. 上海金融，2015（7）：101–106.

场景、产品与客群，这对中小型银行的敏捷团队与数字化能力，提出了更高要求。

组织转型始终是银行变革中最重要、最困难的一环。总行财富管理体系的组织架构调整是财富管理战略的关键一步，也彰显中小型银行推动财富管理转型的决心。

管理团队转型

我国财富管理业务仍处于起步阶段,对于银行财富管理团队来说,应增强自身实力打造能够支撑业务的组织与人才队伍。

敏捷团队打造

银行在转型的过程中,组织数字化也是关键环节,在多变的市场中如何快速树立目标、凝聚士气、一致行动,是敏捷团队建设的重点,也是难点。

传统单一化的团队结构早已无法支持财富管理产品迭代与革新,敏捷化团队成为引领中小型银行完成跨越式快速发展的关键。与过去银行的金字塔架构相比,敏捷团队打破传统的组织限制,开放部门间的边界,把项目作为业务部门与职能部门的联结进行即时组合,形成多样化和多重角色的项目团队。常规项目管理方式和敏捷项目管理方式之间所存在的区别,如表4-2所示。

表4-2 常规项目管理方式和敏捷项目管理方式对比

项目	常规项目管理方式	敏捷项目管理方式
核心驱动	文档和计划驱动	客户可感知的完整功能驱动
计划	提前对整个项目过程进行详细估算、分析、计划	提前对整个项目做一个粗略的计划,在每个迭代里做详细计划
变更	严密的合同减少变更风险,如果改变需求需要走流程,整个项目过程需要重新估算和规划	基于信任,合约变更变得简单。鼓励变化,聚焦财富管理客户价值,将有益于财富管理客户价值实现的变更在后续迭代内进行估算和规划

续表

项目	常规项目管理方式	敏捷项目管理方式
风险	项目交付晚，难以及时发现风险	每次迭代都产生可交付的功能，及时发现风险
可视化	项目过程是一个"黑盒子"，对于财富管理客户和供应商来说可视化较差	财富管理客户、供应商和开发人员之间存在紧密的合作关系，项目过程可视化较好
应用场景	消耗成本较高的项目过程	消耗成本较低的项目过程

敏捷团队可以有效地激发活力、调动员工主观能动性，从而提升数字化时代银行的综合经营能力。敏捷团队应从如下方面展开突破：

（1）创新组织培育。对于银行来说，与多个财富管理产品对应，可以成立多个创新组织，各组织间相互依赖又相互独立。

（2）创新研发管理机制。将敏捷组织的核心小组打造为研发管理机构和平台，从每年的重点任务和各重点职能部门中挑选出需要协同的一次性工作，将其设立为项目，按总行级、分行级、部门级、小组级来进行分层。最后由项目管理组织编制工作任务、目标、计划、验收指标。

（3）创新人才管理。敏捷团队应配备固定的管理人员，如项目经理。在配置方面，组织内至少包含前台业务、风控、科技等人员；攻关方向主要包括市场研究、政策研究、行业研究、竞品研究等；团队需要对政策、市场、产业及同业态势进行持续跟踪和深入研究，为业务拓展提供思路和路径。

（4）创新工作方式。创新工作方式应该运用系统化的工程管理工具和流程，完成立项、规划、预算、流程管理和成果评估；把部分原有行业或新事业拆分开来，转化为项目，以项目制完成内部创新业务培养，形成行内新型创新孵化器。[1]

---

[1] 刘振友. 数字银行［M］. 新世界出版社，2022.

人才队伍建设

当前中小型银行的人才队伍建设还存在不足，管理团队转型过程中的人才队伍建设，应从以下几个方面努力。

1. 健全人才引进和培养机制

（1）人才引进。在数字化转型的进程中，有不少技术岗位在银行现有体系中并未设置，再加上这部分人才缺口以中高端人才为主，所以传统银行目前的招聘方式亟须改进。针对此类问题，应从以下面三种来进行改进。

第一，针对特定技能领域开放招聘，聘请高级别专家进行顶层规划设计，同时带领银行的中层干部进行数字化改造。

第二，以"人才外包"的形式引进专业人才或者团队，在推进项目落地的同时，以分享会的形式提升参与项目人员的数字化相关技能。

第三，开展特定项目时与合作伙伴进行人才合作，由对方输出专业人才与银行员工组成敏捷团队，围绕指定目标推进项目落地。

（2）人才培养。将员工分为三类人员分别进行数字化人才培养。A类成员以中高层管理人员为主，包括行领导、部门领导及基层领导；B类成员以业务管理骨干为主，包括前中后台核心业务部门业务骨干及基层客户经理；C类成员以金融科技专业人员为主，其他数据应用较多业务部门也可安排人员参与。

2. 构建团队并变革管理策略

（1）团队构建。创建由多类型人才组成的跨职能敏捷团队是一个富有成效的团队构建方法。财富管理产品负责人和设计师应确保团队能满足财富管理客户的需求，并始终专注于价值交付。数据科学家和数据工程师负责用例实施，检查数据接入成效。信息技术架构师和软件工程师负责构建流畅的界面和后端系统。

（2）变革管理策略。财富管理机构应鼓励财富管理客户经理积极采纳分析法，创新应用，从而带来更好的财富管理服务和更高的绩效。

3. 打造客户信息挖掘新方式

为充分挖掘客户信息，必须将之转化成结构化数据加以保存，结构化数据要能用于创建产品和个性化服务。为此，需要部署各种系统，从而按照监管要求接入、存储数据，同时确保数据准确、可用且可访问。

4. 完善人才激励与职业发展机制

（1）业绩考核制度。考核指标主要涵盖了财富管理客户贡献度、财富管理服务水平、风险管理水平、财富管理客户满意度等，并根据不同层级的财富管理人员情况做出相应调整，从而使得考核结果更为客观公允，并可以充分地运用考核成果优化内部资源配置。

（2）薪酬福利体系。建立一套具有竞争性的薪酬福利体系，不仅包含基本薪酬体系制度，还包含带薪年假体系、银行金融服务权利体系、房产按揭权益体系等。

（3）职业发展阶梯。建立综合资产管理系统平台，全面给金融人提供职业提升与业务开展的机会。另外，为员工提供双通道的职业发展路径，员工能够按照自身的喜好和能力，在专业方向与管理方向之间灵活抉择。

经营模式转型

由于传统的财富管理模式单一，无法满足客户个性化的需求，中小型银行要积极探索新的财富管理模式，本节将介绍三种创新模式：设立理财子公司、加强代销业务、拓展创新业务。

设立理财子公司

设立理财子公司有助于中小型银行继续拓展理财业务，并主动推出新的理财产品。理财子公司是金融体系中的重要组成部分，不仅是中小型银行继续开展理财业务的关键，也是提升中小银行收益的重要抓手。中小型银行通过设立理财子公司，将为理财业务的开展带来四个正向作用。

1. 资源配置能力更强

一方面，银行理财子公司能够继续运用母行已累积的资源优势与禀赋，立足自身行业而蓬勃发展；另一方面，理财子公司也能够根据自身发展的新特征和经营需要，针对性地加强新金融技术的深度运用，并利用新一代人工智能、区块链、大数据等新技术，进一步改善和革新资管行业的服务模式，以助力资管业务的转型变革。相比于资产管理事业部，理财子公司拥有法人资格，并拥有高度自主的运营权限，在资源配置、人才培养等方面具有更大的自由空间，可以发挥品牌效应，进一步提升公司核心竞争力。

2. 产品销售更灵活

《商业银行理财业务监督管理办法（征求意见稿）》对商业银行理财业

务提出的监管要求中包含"实行分类管理，区分公募和私募理财产品"。而相比于商业银行的资产管理事业部，理财子公司开展业务时享受了更多政策优惠，这主要表现在以下三个方面。

（1）对产品销售起点不设限制。传统银行公募理财产品的发售起点一般是1万元，而理财子公司的理财产品和公募基金一般没有发售起点，目前的实际情况都是1元起售。销售的起点降低，降低了市场门槛，从而拓宽了投资者投资范围，增加了资金灵活性。

（2）商业银行需要个人投资者在初次选择理财产品时进行面签，理财子公司并没有这样的规定。

（3）理财子公司所推出理财产品的代销渠道更为丰富，不仅包括银行业金融机构，还包括银保监会认定的其余金融机构。

3. 隔离风险去刚兑

通过设立理财子公司，能够将理财业务分离出来，同时也将理财产品风险与银行经营风险进行隔离，从而保证银行经营风险可控。

4. 合作机构更广

理财子公司在投资对象以及合作机构等方面的选择也更为灵活。在投资范围选择方面的优势体现在以下几方面。

（1）理财产品可投资股票。

（2）非标资产限额放宽。

（3）可以设计分级产品。

（4）可选合作机构更多，可与符合条件的私募投资基金合作。

加强代销业务

"资管新规"发布后，代销行业的渠道出现变革，主要产生以下变化：

打破本行只能销售本行旗下理财子公司产品的局面；渠道建设、代销费用等朝着市场化方向推进；理财产品的运作模式以开放式居多。

对于已成立理财子公司的商业银行来说，基于理财子公司的独立法人身份，母行渠道与理财子公司产品供应的关系转变为代销关系，而关系的转变使得渠道方在产品选择上呈现市场化的趋势，除本行理财子公司产品外，也会考虑更有竞争力的其他机构的理财产品。这样的做法一方面能够完善产品线，提升产品竞争力；另一方面也能通过引入代销产品所带来的鲶鱼效应，推动自有理财机构产品的创设。

对于未成立理财子公司的商业银行来说，则须考虑未来是否成立理财子公司，如成立理财子公司则与上述情况一致，如不成立则可能面临理财业务竞争力不足的问题。这可能导致短期内自有理财业务供给量与客户需求量不匹配，进而加速代销产品的引入与布局。

目前，代销已变成最主要的理财产品销售方式之一。国有六大行中，有五家银行都代销其他银行理财子公司的产品。如图4-5所示，就银行代销理财产品而言，2021年全国市场的产品数量达到20683款，较2020年增加了12053款。从代销机构来看，2021年股份制商业银行代销理财产品的数量占全国市场的32.85%，保持市场领先地位；城商行代销理财产品数量大幅增长，数量占比升至30.78%，成为市场的主力军。更多的中小型银行将利用代销业务作为进入理财市场的途径，最大限度发挥客户资源、销售渠道等方面的潜力，建立个性化的理财产品"超市"，逐步成为代销理财产品的中坚力量[①]。

---

① 赵金金. 拿什么应对"新规"后银行理财转型?［Z/OL］.（2022–03–10）［2022–09–07］. https://mp.weixin.qq.com/s/poYLgKKPAIsJhuU–jnHVPw.

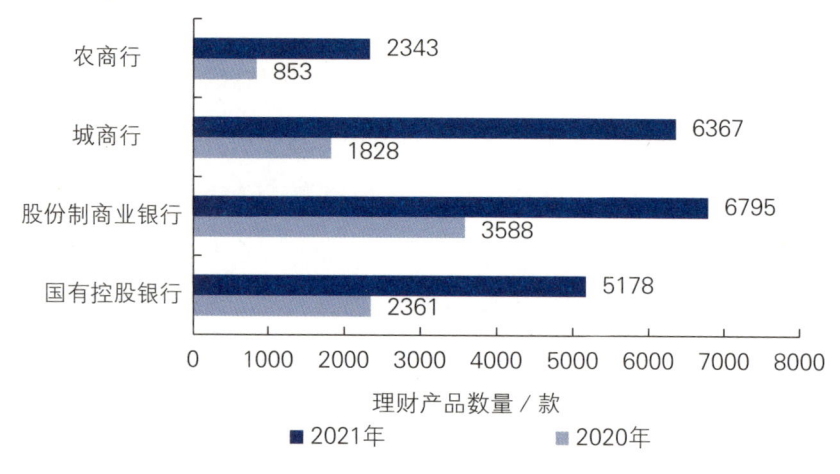

银行类型	2021年	2020年
农商行	2343	853
城商行	6367	1828
股份制商业银行	6795	3588
国有控股银行	5178	2361

图 4-5 2020—2021 年银行代销理财产品数量

（数据来源：普益标准）

针对代销业务，中小型银行应着手于三方面：提前布局赛道，完善全流程销售管理体系，打造全体系理财产品超市。

1. 提前布局赛道

（1）中小型银行发展代销业务具有监管优势。目前，互联网代销平台、证券公司、基金公司还不能进入代销业务市场。因此，在监管部门仍未放开代销机构限制的情形下，中小型银行就需要及时把握监管窗口，提早规划布局，迅速应对新市场。

（2）中小型银行发展代销业务有地域优势。就政府扶持而言，中小型银行作为深耕一方的地区性商业银行，更易于获得当地政府资金和政策的支持，也可以减少在理财产品代销业务发展过程中所遭受的外部阻碍。就地方资源而言，根植于当地的中小型银行，由于市场的下沉优势更加突出，更易于在地方得到社会认同。

总的来说，在把握政策窗口期方面，中小型银行应进一步完善产品销售体系，提升销售实力，针对不同客户的个性化需求打造理财产品超市，做好客户和产品的中介。同时，中小型银行不应只懂产品选择和销售，还应充分了解产品设计与运作过程，根据客户需求和市场特点及时做出调整。

2. 完善全流程销售管理体系

银行在代销过程中应重点加强销售端建设，具体包括两个方面：第一，提升营销人员的整体素质，银行应提高理财营销人员的准入标准，对营销人员进行代销产品的定期培训，加强理财经理对代销产品的理解。第二，完善销售全流程体系建设，包括售前、售中及售后。其中，售前加强对投资者的充分评估，了解其风险接受度及理财需求；售中应做好风险揭示；售后阶段应保持对投资者的售后跟踪，若净值波动过大，应与投资者及时沟通，提升投资者的投资认知。

3. 打造全体系理财产品超市

代销机构要形成完备的产品甄选制度，甄别出表现优异且符合机构产品战略的代销产品。可通过以下四方面构建具有强有力的竞争力的产品超市。

（1）建立机构白名单。要先对产品发行机构进行定量分析。对发行机构的评价可从以下三方面展开：一是发行机构的资产管理规模，资产管理规模又可分指标进行考量，包括发行机构发行产品的募集规模、发行产品的数量及产品类型的丰富程度。二是发行机构的投研实力，机构的投研实力是产品发行的核心竞争力，可最大限度地避免产品发行后的"爆雷"风险。投研实力可从投研人员的学历水平、从业年限、持证数量及前中后台工作人员人数等要素进行考察。三是发行机构的产品管理能力，包括过往产品绝对收益水平、超额收益水平等方面。

（2）确立理财产品筛选标准。在代销产品筛选分类层面，如图4-6所示，从机构类型、风险等级、产品类型、期限类型等维度进行细分，从客户的理财需求出发，再结合银行机构自身产品线情况，初步构建出代销产

图 4-6 理财产品筛选标准

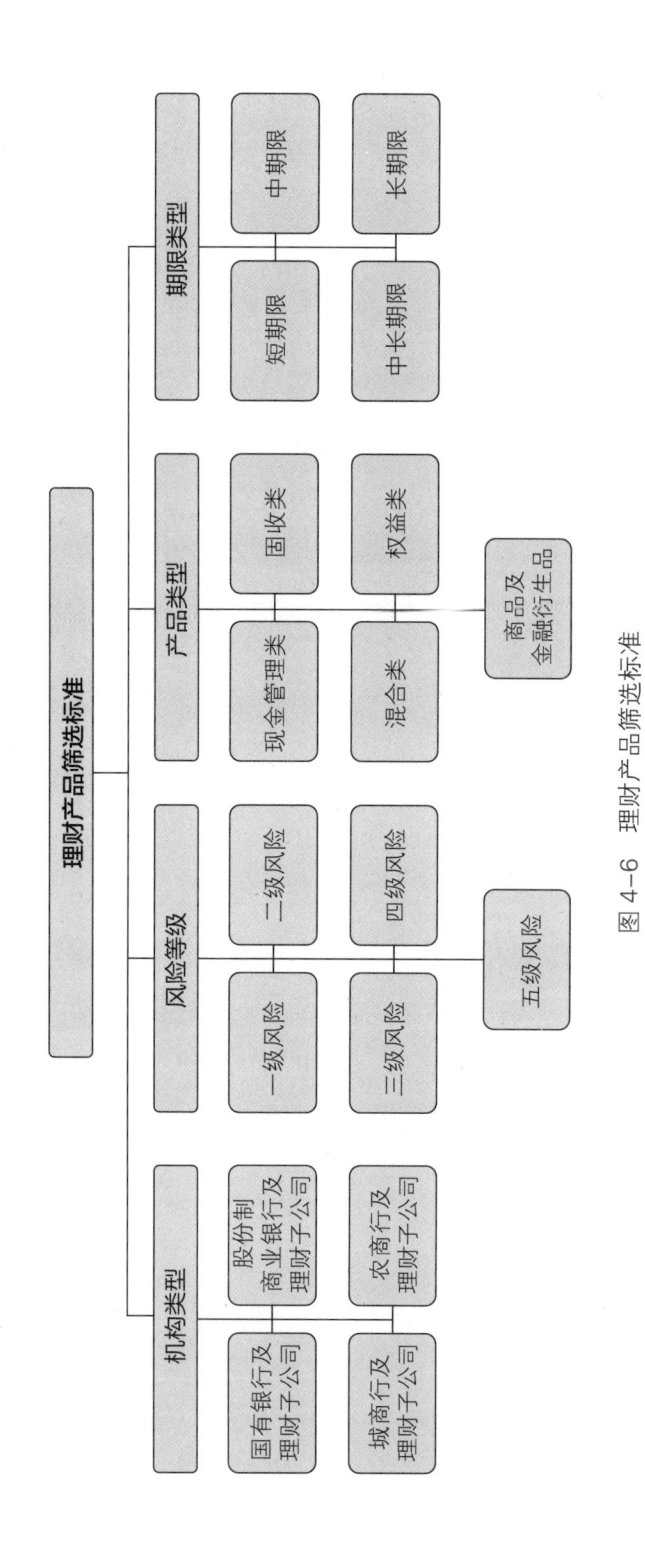

（参考资料：普益标准）

品分类筛选体系。

（3）确定产品分析维度。从"绩效体现"和"产品特性"两个维度出发进行产品分析。如表4-3所示，"绩效体现"涉及收益率、风险、风险调整后收益率等指标；"产品特性"则包括灵活性、风险等级、产品发行规模、持仓资产表现等指标，同时也可以进一步进行时间序列分析，观测产品在时间维度上的综合表现。尤其是银行机构还可设定不同的目标权重，并研究目标理财产品在竞品组合中所显示出来的优劣势，最终筛选出合适的代销产品。

表4-3 代销产品引入考量分析维度表

维度	评价类别	具体指标
业绩表现	收益率	区间收益
	风险	波动率
		最大回报率
	风险调整后收益率	夏普比率
		索提诺比率
		卡玛比率
		斯特林比率
产品特性	灵活性	付息周期
	风险等级	风险等级
	产品发行规模（理财子公司）	存续规模
		实际募集规模
	持仓资产表现（理财子公司）	大类资产集中度
		前十大资产集中度

资料来源：普益标准。

（4）构建优质产品池。纯固收产品、"固收+"类产品、混合类产品的选择，需根据不同类型产品的特点，以"收益"和"风险"两个维度为指标，剖析目标理财产品的优劣势，如表4-4所示。

表4-4 产品分析维度

产品分析维度	评价类别	具体指标	指标含义
纯固收产品	收益	区间收益	衡量产品平均盈利能力
"固定+"类产品	收益	区间收益	衡量产品平均盈利能力
		信息比率	衡量产品稳定获取超额收益的能力
		詹森指数	衡量产品的超额收益水平
	风险	波动率	衡量产品收益的整体波动情况
		夏普比率	衡量每承担一单位风险获取的超额收益
混合类产品	收益	区间收益	衡量产品平均盈利能力
	风险	波动率	衡量产品收益的整体波动情况
		夏普比率	衡量每承担一单位风险获取的超额收益
		最大回撤率	衡量产品在评价区间内的最大回撤
		卡玛比率	衡量超额收益和最大回撤之间的关系
		斯特林比率	衡量年化收益和最大回撤之间的关系

资料来源：普益标准。

拓展创新业务

根据我国证券投资基金业协会公布的"2022年第1季度基金销售机构公募基金市场销售保有市场规模榜单",在基金保有规模前100名金融机构中,共有26家银行上榜。总的来说,不管是股票+混合公募基金保有规模,还是非货币市场公募基金保有规模,较2021年年底均有明显下降,如表4-5所示。

表4-5 各类销售渠道基金保有规模及机构数量对比

分类	2022年第1季度 股票+混合公募基金保有规模/亿元	非货币市场公募基金保有规模/亿元	机构数量/家	分类	2021年第4季度 股票+混合公募基金保有规模/亿元	非货币市场公募基金保有规模/亿元	机构数量/家
银行	32469	38448	26	银行	37861	43952	31
证券公司	11366	12473	51	证券公司	9392	10157	45
第三方	16810	29639	18	第三方	16809	28493	18
基金公司	190	232	3	基金公司	223	276	3
保险公司	369	443	2	保险公司	324	384	3
总量	61204	81235	100	总量	64609	83262	100

数据来源:中国证券投资基金业协会。

从股票+混合基金公司保有资产的总体规模排名(表4-6)来看,招商银行、蚂蚁(杭州)基金销售有限公司、天天基金、中国工商银行、中国建设银行、中国银行、中国交通银行、中国农业银行、中国民生银行、浦发银行仍位列前 10 名，仅中国民生银行、浦发银行在上一季度的排名中交换了位置。从渠道类别来看，银行机构数量从 2021 年年底的 31 家下降到 26 家，市场占比进一步回落。珠海华润银行、长沙银行、东莞农商行、东莞银行、渣打银行（中国）跌出百强。从头部销售机构来看，宁波银行也跌出了前 20 名，席位被招商证券顶替。

表 4-6　2022 年第 1 季度公募销售渠道保有量前 10 名

排名	机构名称	股票+混合公募基金/亿元	非货币市场公募基金保有规模/亿元	机构性质
1	招商银行	6798	7596	银行
2	蚂蚁（杭州）基金销售有限公司	6142	11971	第三方
3	上海天天基金销售有限公司	4639	6175	第三方
4	中国工商银行	4585	5140	银行
5	中国建设银行	3437	3926	银行
6	中国银行	2802	4396	银行
7	中国交通银行	2407	2634	银行
8	中国农业银行	1907	1972	银行
9	中国民生银行	1434	1493	银行
10	浦东银行	1427	1464	银行

数据来源：中国证券投资基金业协会。

目前，部分中小型银行已经开始发力进入基金销售市场。截至 2022 年 3 月 9 日，全国拥有基金代销牌照的银行金融机构共计 167 家。其中，城商行有 79 家，农商行有 43 家。在中小型银行资金压力较大、客户存量较大行尚有差距的情况下，应该采取策略进行突破。

风险防控转型

目前，在资源相对受限的中小型银行内开展财富管理工作面临着诸多风险，财富管理业务是一项复杂程度较高的系统化工程。其在业务体系、产品引入、营销团队、营销推广等多方面的打造均须投入海量的资源。这也说明并非每家中小型银行都能够独立开展财富管理业务，本节将重点剖析中小型银行发展财富管理业务时存在的风险，并探索风险防控的转型模式。

风险防控概述

1. 风险防控特点

中小型银行财富管理将需要依赖金融科技力量来为财富管理提供技术手段，其风险的防控特点主要有以下几个方面：

（1）中小型银行财富管理风险的连带性。与传统金融机构的财富管理工作开展场景比较，中小型银行信贷风险的财富管理系统与财富管理工作现在已经更多地依赖于大数据分析、计算机技术和云计算等现代化手段，需人工干预的工作内容较少，更具备了程式化的特征。所以，中小型银行采用新的财富管理系统来开展财富管理工作，所存在的财富管理工作风险也大多源自这些技术，并且二者之间存在着技术连带性。这些技术风险出现在管理工作的不同阶段，并且有着很明显的连贯性特征，在各个环节间相互作用。所以，如果在财富管理工作的一个环节中发生了风险，其连带影响面就比较普遍。

（2）中小型银行财富管理风险的连续性。基于金融科技的财富管理服务具有明显的传输持续性特征。传输持续性指的是在服务系统遭受网络攻击、病毒入侵等非正常场景下，体现为相应的平台整体遭受破坏，在各个平台内部都出现了不可控的信息传输，从而造成了财产管理业务系统的局部甚至整个工作环境异常，甚至会危害到整个网络系统的安全性。

（3）中小型银行财富管理风险的前置防范滞后性。财富管理风险的前置防范滞后性缺点是，既无法及时对可能存在的财富管理风险做出合理的预估，也无法尽早规避财富管理风险，以预防财富管理风险问题的出现。造成这一缺点的主要因素是相关的金融监管技术不完善、防范平台建设的不完善等。这也导致了对财富管理风险问题的应对工作多开展于问题出现以后，此时已经或多或少地出现了损失。

2. 风险类型

（1）信用风险与流动性风险。虽然有关监管部门做出过多次规定，但部分企业的资产管理工作还是采取了资本池运营的方法，资本与客户资本之间无法进行一一对接，从而事实上构成了"影子银行"的服务。因此，当资产管理工作计划项目发生问题或者资本池存在流动性资金问题的情形下，企业就必须事先支付资本。同样，为减少金融理财产品销售亏本对银行信誉的影响，银行不但对全部资本池建设项目采取了刚性兑付，也对全部的资产管理工作规划采取了刚性兑付。在这些情形下，由于银行的资产质量管理过程中并没有真正地把经营风险传导至客户身上，反而在银行内进一步积聚，其信用风险与流动性风险都由银行承担。

（2）声誉风险与经营风险。中小型银行财富管理存在一些众多商业银行共有的由于表内业务边界不清而带来的风险，这些风险主要体现在以下方面。

第一，保本收益型理财产品（指银行在项目未达到规定收益的情况下负有还本付息的义务）在法律关系上与自营业务的债权债务类似，其募集的资金变成了银行负债，很容易误导投资者把所有银行理财产品都当成银行存款一样对待，这与"代客理财"相违背，使银行在流动性和声誉方面承担了更多的风险。

第二，部分中小型银行将理财资金投资于自营资金无法投资的项目上，因为理财既不受政府资金的制约，也不受信贷限额的制约，所以这些中小型银行往往把理财作为信贷投资工具或自己经营表外投资的工具，又或者把理财投资资金直接或间接投入当地的政府投融资平台，"两高一剩"企业、地产等高风险或限制性的产业和领域，再加上在表面上移离表外，其风险控制能力也不免有所削弱，上述原因使得这些理财产品的经营风险极大。

第三，部分中小型银行把金融理财产品销售作为市场流动性管理、调控市场重要时间节点以及时段储蓄规模的重要工具。一般将理财产品的到期日期选择在月末、季末或年末等重要时间节点上，将客户的理财产品或到期投资直接记录为同期储蓄存款，之后再于下月、下一季度或下一年起始时，再将其转回较高收益率的理财产品，从而使中小型银行的资产负债表财务数据在相当程度上高估了储蓄存款。

综上所述，部分财富管理业务和中小型银行表内服务边界不清，甚至捆绑的经营行为，都不利于商业银行理财服务的健康发展。

（3）合规风险与内控风险。中小型银行财富管理中负责监督管理业务的内部管理以及相应的风险管理体系比较脆弱，具体体现在以下三个方面。

第一，会计核算不独立。部分中小型银行甚至不能严格地按个人理财能力进行独立核算，这也使得中小型银行利用违规转让的内部利润来平衡利润变为可能，以确保个人理财产品对预期利润的刚性兑现或截留原本属于客户的利润，这其中存在合规风险。

第二，投资管控能力流于形式。在当前，不少信托公司、证券公司等推出的资产监督管理规划仅具有"通道"功能，而中小型银行缺乏实际的风险辨识能力、投资管控能力，对资金的投向也无法监控，从而造成投资实际效用不明，使资金很有可能流向高风险领域，即存在内控风险。

第三，与自营投资银行业务的经营风险分离不完全。部分中小型银行的投资理财业务和自营业务是由一个部门进行运营和管理的，而没有专门从事投资理财业务运营和管理工作的部门。在当前，资产管理工作业务并不能通过资产配置、减值等方式来为风险缓冲，进而加大了中小型银行的经营风险。

风险防控问题及挑战

1. 管理理念落后

财富管理服务必须严格按照商业银行客户的资产管理要求和风险特征选择资产，因而在目前商业银行资管产品刚性兑付的市场环境下，中小型银行理财业务投资尤其是项目融资往往遵循着表内"准贷款"的风控方式：以银行本身的风险收益偏好代替了客户的风险收益偏好，其背后体现的就是对代客融资本质认知的局限性。当前，中小型银行资管的重要领域在业务的准入要求以及额度管理等方面，一直实行着与表内贷款业务大致相同的管理模式，导致了表内外贷款来源的严重同质化。图4-7是中小型银行财富管理模式的风险防控问题及挑战。

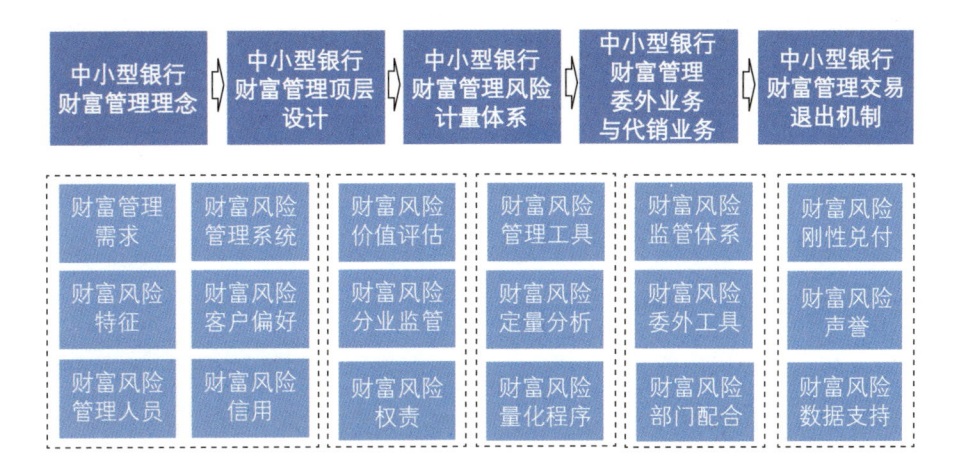

中小型银行财富管理理念	中小型银行财富管理顶层设计	中小型银行财富管理风险计量体系	中小型银行财富管理委外业务与代销业务	中小型银行财富管理交易退出机制
财富管理需求	财富风险管理系统	财富风险价值评估	财富风险管理工具	财富风险监管体系	财富风险刚性兑付
财富风险特征	财富风险客户偏好	财富风险分业监管	财富风险定量分析	财富风险委外工具	财富风险声誉
财富风险管理人员	财富风险信用	财富风险权责	财富风险量化程序	财富风险部门配合	财富风险数据支持

图 4-7 中小型银行财富管理模式的风险防控问题及挑战

另外，客户在商业银行较弱的风险偏好下，多选择低收益的产品，造成理财产品融资和表内贷款相互竞争的情况。表内外风险隔离制度仍需健全。中小型银行的资产管理业务和自营银行业务已经在机制、人才、信息系统等方面基本做到了分离。监管层制订的一系列规定中也明确指出对已存在重大违规风险的非标资产，表内外禁止交叉置换或承接。但在实践中，由理财产品投资承接表内信贷或表内信贷接续理财产品投资引发的问题频发。另外，中小型银行对资管行业及信贷风险管理工作的关注程度远远低于自己所经营行业，不但投后管理工作并未列入企业管理工作流程，甚至在职能分配、运用管理工具等方面也没有详细安排，远未达到"预先有方案，事后有总结"。

2. 顶层设计缺乏统筹协调

中小型银行在财富管理服务中缺乏价值评估系统，缺乏针对中小型银行中的金融服务产品创新系统的价值管理体系，凸显出了顶层设计的不完善。以融资产品为例，为了解决以技术开发为主的中小型高新技术公司融资难的问题，知识产权质押融资服务应运而生，但由于此类服务并没有系统的价值评估机制，也没有政府类授权的质量评价组织，由此造成了中小型银行有服务却并未服务，并为金融机构带来后顾之忧，进而影响相关产业的创新。

目前，中小型银行的所有风险管理岗位，均只是指出岗位上的经营风险由个人承担，对风险管理责任划分并不具体清晰，也没有对业务人员有效的培训，对各类经营风险辨识能力差，造成业务部门和风控机构的协调乏力，整个过程风险管理难以完成。中小型银行贷款经营风险一般采取投资组合的方法来防范经营风险，随着多元化理财产品的大量发行，单一的投资组合已经无法满足业务需求。目前中小型银行贷款经营风险在证券、外汇等相对专业的投资方面还没有专职投资风险经理，因此专业化水平欠缺。中小型银行贷款投资风险的理财业务经营风险体系也不完善，主要包括经营风险制度不完善和风险管控体系不完善。目前，由于中小型银行对基金理财产品的风控独立性不足，且各部门工作间交叉混杂，风控的后台直接受业务部门影响，而忽视了事前与事中的管控，导致风险管理难度增大。

3. 风险计量体系有待优化

中小型银行财富管理风险计量体系的优化主要体现在风险计量工具的研究与利用、企业日常交易活动的检测与支持、业务的先进量化管理程序应用以及金融系统的科学构建。

（1）风险计量工具的研究与利用。中小型商业银行风险管理工作部门应当重视管理工具的研究与利用，以提升经营风险管理水平，减少风险控制成本。目前，商业银行资产管理服务的经营风险管理仍只适用于单个经营风险类别的管理工作，无法实现多策略、多类别的动态风险控制，且服务前瞻性欠缺，无法满足快速变革的服务创新。因此各类风险控制工具都必须从研究阶段进入实际使用阶段，以支撑银行创新型产品的风险控制需求，着力发展银行非标类产品的综合收益评价与经营风险评估体系，为投资理财服务向净值化的转变筑牢基石。

（2）日常交易活动的检测与支持。中小型银行怎样将风险管理渗透到日常的经营和交易活动，以及怎样利用定性分析对每日交易活动进行有效监测与支持，都是亟须思考的问题。首先，风险模型亟须进行优化，而风险测量结论的正确性也亟须提高。因为银行风险的测算包含了多个环节，再加上风险控制体系构建的复杂性和专业性，所以，银行对相同投资组合风险测量结论的理解可能出现很大差别。其次，风险测量结论无法有效渗透到每日的经营活动。虽然，风险管理体系已经对所遇到的风险进行了测算，并设置了限额管理指标，但在银行实际管理中，并没有利用限额指标框架对银行前台的交易活动实施有效监测，也就未能构建起基于银行风险管理的全面绩效考核管理体系。最后，为完善服务风险管理体系，部分商业银行已投产了理财投资、代销信托规划、私募股份主理银行、私人银行业务委托代理与顾问咨询服务、代理营销、资产证券化、私募股权投资（PE）基金管理等多项服务系统，但是其可靠性仍亟待提高。

（3）财富管理业务的先进风险量化管理程序应用。中小型银行所开展的财富管理服务缺少先进的风险量化管理程序。目前我国的中小型银行发展速度较快，但其风险管理方面的发展速度往往落后于银行自身的发展速度，在制定新的金融产品风险评价体系时，往往仅依靠于管理人员的片面理解，并不能满足实际需要。中小型银行在对市场风险进行分类时，所采用的信息技术相对滞后，导致银行在风险量化管理方面缺乏必要的前瞻性。

（4）财富管理金融监管系统的科学构建。中小型银行在财富管理服务中缺少科学的金融监管系统。市场研究表明，虽然世界各地的中小型银行开发新金融产品的速度突飞猛进，但在新产品开发的风险管理服务方面仍缺乏科学的金融监管系统。首先，金融监管理念没有随着银行业务的发展而完善，对金融机构产品功能的管控力度不足，金融监管系统内各个部门间没有合理的分工和有效的协调机制，职责界定并不清晰；其次，中小型银行不重视对技术应用的管控，没有先进的质量管理体系和健全的人才管理体系；最后，中小型银行没有合理的产品披露机制，产品存在的风险也没有科学合理的评价机制，这增加了中小型银行金融风险出现的概率。

4. 委外及代理风险规避不足

银行资产管理工作规模的不断扩大使中小型银行的委外资金营销规模急剧增加，委外营销类型更加丰富。如何对此类资金的底层资产进行监督管理、开展尽职调查以及存续期监督管理等工作，已成为中小型银行委外资金业务风险管理工作的重点与难点。此外，中小型银行也没有对委外资金标准化理财工具设置完善的市场风险评估机制。

在代销服务方面，中小型银行根据不同客户群体而设置了相应的对接部门。虽然各个部门之间和多个金融机构存在合作关系，但由于各监管部门都开发了自己的产品体系，中小型银行的代理服务便处于多头管理的情形之下。另外，由于银行在代理或发售其他金融机构的商品时，通常并不承担对融资标的的市场风险的管理职责，融资标的的评估、监测、成交、处理等几个环节全部由合作的金融机构来完成，因此，如果融资标的产生了市场经营风险，中小型银行则需要承担声誉风险。

理财产品的风险管理往往要求业务单元的内部各个管理职能间互相协调配合，行业运作过程中的经营风险由各个业务单元进行管理，理财产品在发展时期的经营风险监测则由中小型银行的内控部门来负责。风险内控部门能够精确掌握金融市场变动与公司客户资讯，业务管理单元则对资产的经营风险比较熟悉，因此二者可以有效地互通信息，这对理财产品的经营风险管理非常关键。不过在中小型银行中，由于二者分属不同支线，消息交流并不顺畅，合力不易产生。商业银行的理财产品服务涵盖面很广泛，风险管理也涉及方方面面，必须进行产品与资本的综合经营，因此要求各方主体相互合作与协调。

总体来看，银行理财业务的经营风险较一些传统行业的经营风险具备更多的复杂性与特殊性，因此需要比较专门的风险管理方法，但这些专门的风险管理方法没有充分考虑中小型银行理财风险的管理特点，仅把理财产品行业的经营风险和其余行业的等同。

5. 退出体系不完善

近年来各种财富管理产品迅速发展，融资理财业务等产品销售的刚性兑付现状也越来越突出，"刚性兑付"带来许多社会现实问题。固然，法制环境的不完善是产品"刚性兑付"的重要来源，但同时也体现了理财产品本身的现实问题：一是理财产品市场没有制定准确合理的价值标识，产品也没有统一、科学的价格规范标准；二是理财产品市场缺乏公平有效的交易平台，当产品出现风险情况时，也缺乏针对投资人的止损制度。

中小型银行数据库建设滞后使得它无法为交易退出提供有力支撑，主要表现在产品和金融市场数据分析缺失、客户服务信息短缺、金融机构分析力量有限这三方面。

（1）产品和金融市场数据分析缺失。理财和其他投资相似，必须勤于管理，一旦无法有效获取市场数据，将会削弱风险管理模式的准确性，从而影响风险管理的有效性。

（2）客户服务信息短缺。在风险管理中客户信息系统的管理至关重要，由于理财行业商户分散、数量大、客户信息获取相对困难，一旦不能及时准确获取客户的个人信息，将无法掌握客户需求与喜好，从而导致了行业的经营风险。

（3）金融机构分析力量有限。商业银行的理财服务需要以强有力的技术作为后盾，以金融大数据分析为动力。金融科技的进步不断赋能中国财富管理机构的运营能力。例如，整合内外部客户数据，通过数据挖掘和分析，打造客户精准360°画像，提升客户的洞察能力，实现更精细化的"千人千面"客户运营和客户价值转化；利用大数据技术捕捉客户行为和体验数据，不断完善线上客户流程，提升服务体验；越发频繁的线上交互也加大了欺诈、隐私、反洗钱、数据安全等风险隐患，许多财富管理机构也在加大相关投入，通过创新的风控技术工具来提升风控运营能力。

中小型银行财富管理的数字化程度低，导致无法及时反馈财富市场信息。随着财富管理客户群体不断发生变化以及数字经济的发展，客户对数字化工具的青睐也在日益增强。特别是近两年来，在新冠肺炎疫情催化下，客户的投资习惯、交互模式、服务需求都在发生根本性变化，促进中国财富管理行业加快数字化转型。例如，通过部署远程办公及线上交互工具替代线下服务模式，克服了新冠肺炎疫情期间由于出行限制以及社交隔离所带来的不便；布局智能投顾工具，进而高效地服务更广泛的长尾客户；凭借线上场景和社区建设，通过流量导入和转化助力数字化获客等。

健全风险防控体系

如图4-8所示，中小银行应从六个方面健全财富管理风险防控。

图4-8 中小银行财富管理风险防控体系

1. 风险识别与度量

风险的识别与度量（图 4-9），是我们对中小型银行的资产风险管控的第一个环节，也是最关键的环节。通过针对性的风险识别与度量，就能够进行风险状况的针对性判断，同时进行后期经营风险的针对性管控，从而达到企业风险管控能力的总体提高。制订有效的度量框架对风险控制管理来说非常重要，可从下述方面开展管理制度建设。

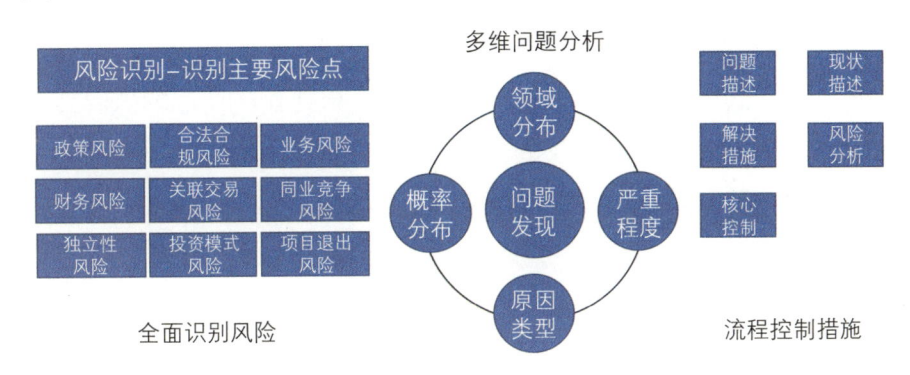

图 4-9 中小型银行财富管理风险的风险识别与度量

（1）识别银行的重要风险。

（2）把经营风险分为可控经营风险与不可控经营风险。

（3）识别可控风险的来源。

（4）将不可控风险划归在缓释风险中。

（5）提供风险变化的度量反馈，并将它们与管理作关联。

2. 风险监测预警

对中小型银行风险管理，必须进行全方位的管控和监测，针对出现的风险都要进行针对性管理控制，并重视事后的监管工作。为有效控制财富管理业务的风险，应当建立起数字化的财富管理业务信息系统。充分发挥信息网络的重要支撑，及时准确采集、汇总和处理有关信息数据，及时准确征求客户的要求和建议。银行要能够更好地管理客户信息，真正地提供以客户为中心的管理业务，密切关注客户所持有的各类产品是否有异常与变更，利用信息与数据提高管理与监督的效率，减少差错率，降低风险度。针对中小型银行风险管理措施的实际应用，必须先从提高金融风险监控与预警水平开始。

3. 差异化风险控制

我们需要根据客户分层和风险投资需求开展相对应的财富管理业务，同时还需制定相应的业务策略和风险管理制度。在研发资产管理工具的过程中，要贯彻以需求为导向，以客户为核心，根据客户的价值特征与需求进行资源配置的多元化业务策略，研究资产管理行业的特征，紧跟客户自身的心态、行为状况等因素，掌握客户实际需要，进而识别资产管理行业风险，实现差异化控制。

中小型银行还可通过和外部金融机构，如基金公司、保险公司、信托公司和私募机构等进行更充分的合作，引入多家产品以形成竞价的效益。通过储备流动性工具、固收类资产、权益类产品、外汇交易和衍生品产品的全产品线，来弥补银行在中风险、中高风险的产品空缺，为理财客群提供更广泛的选品空间，增强对此类服务的风险控制。

4. 风险限额制度

中小型银行股东及其管理人员，必须严格按照理财产品规划所涵盖的投资商品特性、业务规模以及投资的复杂程度，根据资产管理业务中所存在的各种经营风险，构建清晰、全方位的投资风险限制体系，并制定相关的规章制度。在此基础上，还需要根据投资风险管理权限，确定各个交易部门和交易员工之间的总经营风险阈值，从而确定各种投资理财计划或相关产品之间的总经营风险阈值。

5. 完善征信体系

中小型银行财富管理的信用风险问题主要源于信用管理体系漏洞，要防止问题的发生，中小型银行就必须形成健全的征信体系和信用风险防范管理体系（图4-10）。通过实行规范统一的授信，逐步完善对客户的风险评估管理，进一步提升信用全过程管理，从而逐步完成对信用资产的规范化管理，以实现对信用状况和经营风险的全方位管理。所以，商业银行必须全面利用社会网络资源，主动将资金投入到征信系统建设，以健全与征信服务有关的规章制度，在扩充行业征信体系的同时，与合作金融机构之间进行客户信息资源的共享，从而避免因信用风险所带来的一系列问题。

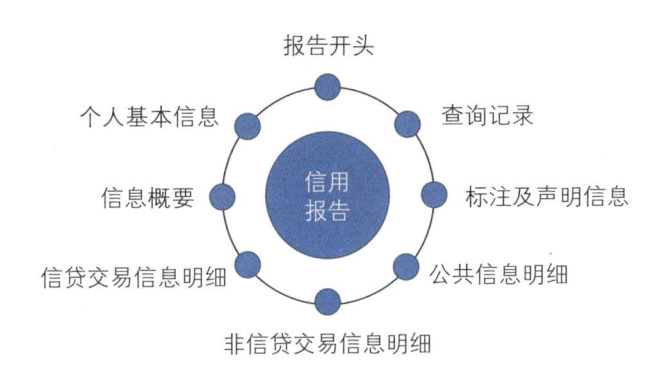

图 4-10　中小型银行财富管理风险的信用风险防范管理体系

6. 完善风控人才培养体制

培养复合型人才是有效控制财富管理业务风险的根本所在。为了发展银行财富管理业务，要建立起高质量的财富管理风控工作团队。随着银行财富管理业务的快速发展，财富管理业务人员在数量和质量上无法满足实际需要。所以，必须完善资产管理工作团队体系，实施全方位的专门训练，以储备专业知识，培养风险意识，提高分析决策能力，准确判断市场走势，为目标来构建复合型财富管控风控人才队伍。与此同时，还要做好财富管理人员团队的培训，通过聘请富有经验的管理专家开展专题讲座，对管理从业者开展系统性、专业化、针对性训练，以实现银行业务结构的战略转变，完善财富管理风控人才的培训体制，规避未来财富管理业务风险。

风险防控数字化对策

中小型银行财富管理风险防控的数字化对策主要包括数字化财富管理风险体系、数据安全及数字化内控机制、数字化风险评估与审查机制以及数字化的新工具与新方法（图4-11）。

```
数字化财富管理风险体系 → 数据安全及数字化内部管控机制 → 数字化风险评估与审查机制 → 数字化新工具与新方法
        ↓                          ↓                           ↓                          ↓
   研发重点领域          融入大数据、区块链、人工智能技术      信用系统、技术人才系统       风险管理量化模型、创新反"洗钱"
```

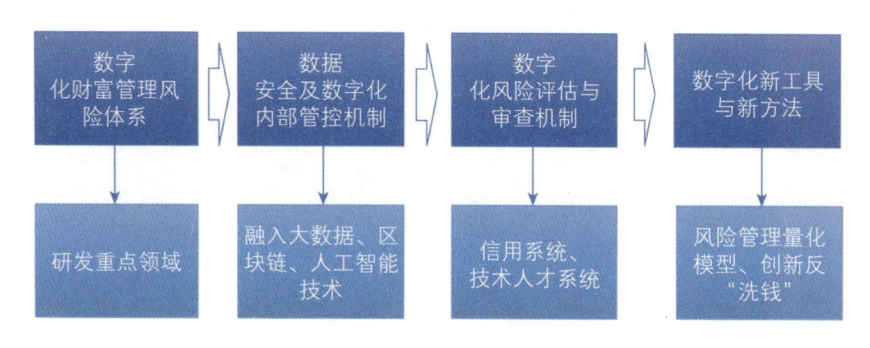

图 4-11　中小型银行对财富管理风险与防范的数字化对策

1. 数字化风险体系

（1）建立数字化财富管理风控体系。为了规范化管理并形成更加完善具体的管理体系，促进财富管理工作风险防范管理体系的建立，首先，必须以人工智能时代所面临的安全财产管理体系风险问题的分析为牵引。其次，充分结合金融科技财富管理工作本身所存在的新特征，建立具备一定可操作性和广泛适用性的规范体系，并在实践运用过程中逐渐完善，以更好地适应财富管理工作发展的实际需要。最后，使财富管理工作的实施具备较高水平的规范化。同时，还必须注重于将我国传统金融机构财富管理工作已形成的成熟管控方式和新一代信息技术加以融合，将大数据信息保密、网络安全防护等新信息技术运用到安全防范管理体系的构建之中。必须注意的是，财富管理风险系统建立的目的是将财富管理的过程程序化，以更好地维护客户的利益，从而在解决了财富管理风险预防的基本需要以外，更好降低财富管理过程的复杂程度。

（2）优化财富管理系统风险评估制度。就财富管理风险构成因素而言，中小型银行财富管理风险因技术的进展也产生了许多变动，在信息科技和操作技术等方面也出现了财富管理风险。因此，中小型银行财富管理风险需要更加注重风险评价系统的优化设计，在常态化、不定期地评价系统日常工作情况的基础上，通过对财富管理风险特点的进一步认识，来提高自身能力以应对现代财富管理系统下的各种潜在风险。同时，中小型银行也要重视创新与发展氛围的营造，以财富管理创新为中心，主动开展标准流程和重要评价指标体系的建设，从而更好、更全面地抵御财富管理风险的发生。

2. 数字化内控及数据安全

（1）构建安全管控配套机制。由于大数据分析、云计算等新兴科技都以基础数据为支撑，而其中所存在的财富管理风险也大多源自基础数据的安全是否可控，特别是安全问题在数据处理过程中尤为凸显，所以，一方面，必须构建安全管控机制，针对基础财富管理资料实施安全管控，以防止安全问题而带来的财富管理风险；另一方面，也需要从底层的数据库安全开始，对数据库运营流程中所存在的财富管理风险进行分类辨识，并建立相关的控制措施，从底层入手构建安全防御机制，为今后的现代金融科技与财富管理系统奠定良好的大数据基础。另外，在数据传输环节中要设置财富管理风险警示机制，以保证数据传输环节中的安全，防止财务数据泄露、财务数据更改等非正常现象的发生，为后续管理工作奠定可靠的数据基础。综上所述，在数据管理方面所实施的控制，是一个根本性的防范手段，可以从根源上对金融科技财富管理所存在的风险进行更有效的防范。

（2）加强数字化内控。从资金管理与信息技术的角度开展资产管理风险防范，对中小型银行的内部管理工作也有着相当关键的意义。

首先，必须对银行财富管理的实际需要加以研究，建立合理的运行规范和控制措施，以中小型银行的整体经营战略为牵引，依据相应的规范开展财富管理工作，以有效避免财富管理风险。

其次，要全面研究发展大数据、云计算等新一代信息技术的应用，从硬件基础设施的构建上，解决信息数据传输环节中的实效性与准确性需求，并利用信息基础设施来保证后续项目的成功开展，从而有效地进行相应的财富管理风险防范操作。

最后，要强化研究人员对财富管理风险防范能力的培训。在人工智能时代，需要人工干预的研究项目相对较少，但人在金融资产管理中的作用十分关键，相对于其他因素而产生的财富管理风险，因人为因素而产生的财富管理风险存在着较多的不可控性。因此，在人才培养过程中，应强化员工的风险防范能力，以避免因人为问题而产生的财富管理风险。

（3）构建数字化风险评估审查机制。财富管理风险评估审查管理系统，是一款依赖于人工智能和大数据分析技术的财富管理识别系统，该系统通过利用大数据分析的综合管理能力，完成了对中小型银行财富管理风险的辨识与管理，并利用各种技术手段对金融机构的风险做出合理的甄别，评估个人或企业信用，从而提升风险的管理水平。利用信息共享技术与银行平台间建立高效的信息互联关系，有效减少中小型银行之间的重复工作，不但使信贷体系变得更加透明，同时也提高了中小型银行在风险评估方面的能力（图4-12）。

在科技背景下，财富管理将新的难题和发展机会同时带给了中小型银行，这也就使得新的风险问题将会越来越浮现于银行风控管理的流程之中。同时，中小型银行也要做到防患于未然，建立定期的风险测评制度，对系统运营中可能存在的漏洞进行排查，以免出现交叉渗透的财富管理与科技风险。这些做法对数据资料的准确度和全面性有更高的要求，一定要用相应的数学模型来对风险情况展开细致研究。在进行研究的过程中需

第四章 | 中小型银行财富管理转型路径

```
                 构建信用风险内部评级体系
```

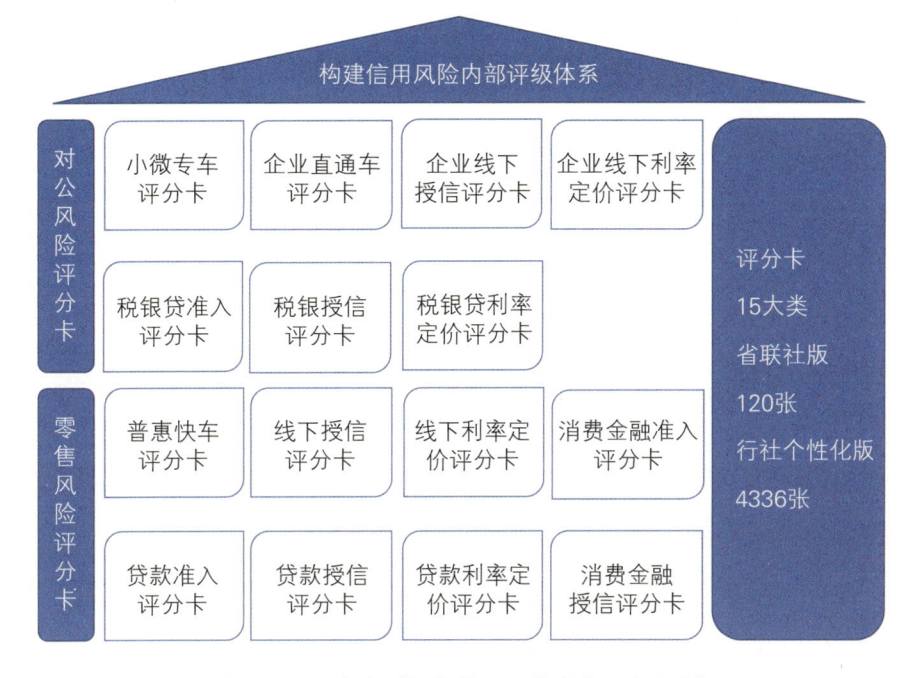

对公风险评分卡	小微专车评分卡	企业直通车评分卡	企业线下授信评分卡	企业线下利率定价评分卡	评分卡 15大类 省联社版 120张 行社个性化版 4336张
	税银贷准入评分卡	税银授信评分卡	税银贷利率定价评分卡		
零售风险评分卡	普惠快车评分卡	线下授信评分卡	线下利率定价评分卡	消费金融准入评分卡	
	贷款准入评分卡	贷款授信评分卡	贷款利率定价评分卡	消费金融授信评分卡	

图 4-12　中小型银行信用风险内部评级机制

要对资产的风险做出全面的、系统性判断，以实现客观公允的风险管理。

　　实施中小型银行的电子化布局，必须重视对自身数据存储量的提高，并进行前期性的信息技术研究工作。具体可以从以下两个方面着手：信息技术框架方面，以云计算、分布式系统为依托，进行集成式的财富管理风险控制 IT 体系构建，在对既有系统进行集成的基础上，结合数据资源，深入发掘相关信息，并同时提供相应的存储。信息技术人员准备方面，中小型银行还应当注重对专业人才的培训，通过建立人才管理体系，建立标准化财富管理的科技队伍，进一步发掘财富管理的创新性应用，以确保银行能顺利开展风控业务。

　　3. 数字化风险管理新工具

　　中小型银行要立足于信用和操作等财富管理风险控制领域，并积极、自主地对财富管理风险控制新工具和模式加以探讨与研究。

（1）致力于财富管理风险控制定量模式的研究。经过大数据分析风控平台的建设，在与现代财富管理技术相结合的基础上，围绕数字化风控管理模式进行研究和优化，并推动财富管理风险工作的进一步发展。

（2）强调风控管理过程中的优化。将财富管理系统先进方法导入风控业务过程的设计中，促进风控管理水平的提高，帮助中小型银行更好地防范资产风险。

（3）积极推动第三方风控服务平台的建立。把财富的风险管理技术打包成为可盈利资产，在严格遵守监管要求的基础上，积极开展风险管理技术咨询服务子公司的建设工作，借鉴第三方业务管理模式，建立财富管理风险业务生态圈。

在财富管理创新的今天，风险防控的重点之一在于反"洗钱"。要规范中小型银行反"洗钱"的工作手段和办法，也要根据中国人民银行政策和银行内部管理制度规范，参照目前已有的"洗钱"行为案例，对银行内的各种数据进行合理划分与整理，为分类整理后的数据建立信息库并实施统一管理，以进一步优化系统，进而有效防止"洗钱"行为。

除此之外，政府还要对中小型银行所掌握的各种信息，加以科学的智能化管理和统计分析，以便中小型银行更高效地管理和完善反"洗钱"法律法规。例如，经过对银行业务中的可疑交易行为的大数据抓取与过滤，对此类情况依据现行反洗钱的判断原则做出合理甄别，使反"洗钱"系统可以在大数据分析的专业支持下，对企业与私人的交易行为做出评估与分析。这些评估方法基于实际交易活动中的各种疑似违规情况，通过违规行为的迹象总结来判断疑似交易过程，如果最后判断为疑似交易的，则系统将向有关机构汇报关于该次交易的违法因素及客户的有关信息。在人工智能发展背景下，还能够利用数据分析技术以及算法优势，来为反"洗钱"风控工作奠定牢固的科技基石。

生态发展转型

2021年12月29日，中国人民银行对财富管理进行了定义："财富管理贯穿于人的整个生命周期，在财富的创造、保有和传承过程中，通过一系列金融与非金融的规划与服务，构建个人、家庭、家族与企业的系统性安排，实现财富创造、保护、传承、再创造的良性循环。"为了实现覆盖客户全生命周期、基于客户目标的财富规划服务模式，各大银行不再"单打独斗"，而是通过B端①、C端②、G端③平台媒介，从产品设计、场景应用、渠道建设、客户服务、内外部资源协同、人才培养、金融科技支撑等多个层面出发，构建开放的财富管理生态圈（图4–13）。

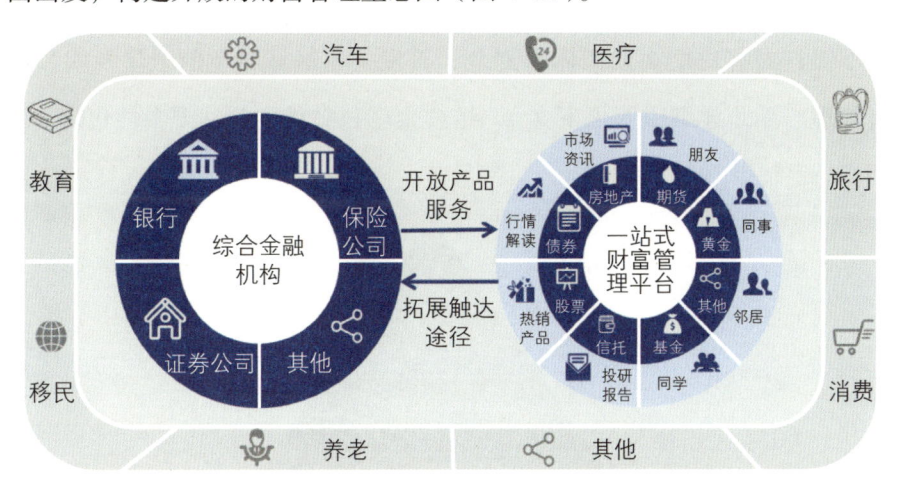

图4–13 财富管理生态圈

---

① B端代表企业家用户、商家。
② C端指消费者用户、个人用户。
③ G端指政府、事业单位端用户。

客户需求多元化与产品组合定制化

在"资管新规"的要求下,国有大型银行及股份制银行不断推进财富管理产品的净值化转型,在巩固已有固收类产品优势基础上,银行应加大混合类、中长期及权益类财富管理产品的投资力度。以交通银行为例,其在财富管理产品系统构建中,以固定收益类财富管理产品为抓手,以差异化的投资主题与投资策略为特色化优势,做大做强"旗舰型"财富管理产品的同时,发行区域主题财富管理产品,以满足客户多元需求。然而,国有大型银行及股份制银行的财富管理业务多以资产保值、资产增值及资产传承为主,而忽略了家庭保障(即为家庭建立应对财富管理风险防火墙)的重要意义(图4-14)。中小型银行在构建财富管理产品体系过程中,应充分考虑家庭保障类产品的意义,建议从代销商业保险入手,形成差异化优势。与此同时,巩固资产保值类财富管理产品的核心地位,根据中小型银行对客户层次及群体的划分,研发具备区域特色的卫星及明星财富管理产品(详细说明见下文),结合金融科技的力量实现个性化财富管理产品定制服务。

图4-14 基于客户综合需求下的财富管理产品体系

2020年，城市商业银行的固定收益类财富管理产品的平均年化收益率达 4.26%，农村金融机构年化收益率达 3.98%，而同期国有大型银行平均年化收益率为 4.14%，股份制商业银行平均年化收益率为 3.95%。在卫星财富管理产品的构建上，中小型银行可积极探索权益类、指数类、区域主题类财富管理产品等领域，结合不同客层与客群的需求，定制个性化金融财富管理产品服务。如创设乡村振兴区域财富管理产品，以中低收入人群为主要客群，为其提供优质的财富管理产品及相关金融服务；创设"碳中和"主题财富管理产品，重点挖掘在节能减排、环保、绿色消费等本地细分行业龙头的投资机遇，为本地客户创造更大价值的同时，符合国家长期发展理念，并实现风险可控。在明星财富管理产品的构建上，可着重针对本地高净值客户，为其提供子女教育、海外资产配置、遗产规划等不同生命周期阶段的定制化财富管理服务。

场景应用多元化与服务内容差异化

国有大型银行及股份制银行凭借自身品牌优势与技术优势，积极拓展财富管理生态圈，在扩大客户规模的同时，不断增强客户黏性。中小型银行可充分借鉴大型银行生态圈经验，通过 B 端、G 端业务，将财富管理服务对象下沉到 C 端客户。如与本地政企合作，围绕电力、通信、物业、学校、培训机构等企业提供线上缴费服务，为不同客群提供一站式缴费管理服务，解决线下缴费效率低、管理难等问题。建立社保查询、公积金查询、税务查询、交通罚款等服务平台，为客户营造便捷财富管理服务场景，提升客户体验感。首先，中小型银行需依靠金融科技的力量提供高效便民的服务，提升客户对智慧政务平台的使用频率；其次，深挖 C 端客户的财富管理场景需求，通过 B 端、G 端政企数据，对客群进行分类，满足特定客群的金融服务需求，例如，对于有着较多不动产的客户群体，为其提供房屋租赁、汽车租赁等相关金融财富管理场景服务；对于亲子类客户群体，为其提供青少年及幼儿教育活动等。

在整合不同客户群体的生态圈的同时，中小型银行也需要不断开拓和挖掘出各个细化的生态圈，深耕其中。比如投行生态圈、投资生态圈等对公的生态圈；支付结算、消费金融等用户生态圈。在持续搭建生态圈体系和框架的同时，将银行业务纳入大的金融生态圈体系中发展，最终凭借差异化优势在财富管理市场中占据核心地位。

线上线下渠道双推动

财富管理生态圈的搭建离不开财富管理渠道建设，从当前我国资产管理规模领先的机构来看，财富管理渠道建设有两大特点：一是线下网点布局与财富客群分布的匹配度较高，客户经理数量占比高，覆盖中高净值客户更有效；二是财富平台建设加快，以一些民营企业开发的财富 App 为代表，这些 App 具有便利、快捷、高效的特点，触达大众客户速度快。

（1）线下财富管理生态圈。建设线下财富管理生态圈时，一方面，要以中高净值客户分布为依据，加大对重点地区的资源投入，来推动重点地区贡献度不断提升；另一方面，要发挥综合性支行优势，推动零售支行向综合型支行转型等。

（2）线上财富管理生态圈。银行通过组建财富管理部，把线上运营团队和线下财富业务经营团队进行资源整合，构建专业化、特色化的财富业务体系。

（3）同业财富生态圈。通过"财富管理产品输出 + 科技赋能"的综合财富管理服务，与银行同业共享财富管理产品、共建培训体系、互通销售系统，提升理财销售的财富管理渠道能力。

（4）财富平台建设。财富平台可以通过金融与科技相结合的形式，举办多种高质量的线上活动，以获得社会的高度关注与广泛好评。例如，打造车生活、社会商圈及跨境财富管理服务等多种活动专区，内容覆盖居民的衣食住行，激发并满足客户的多元金融需求；打造虚拟活动平台，通过游戏化的方式引导客户学习金融知识；培养财富管理理念与习惯，借助金融科技的力量为客户提供更实惠、更便捷、更周到的财富管理服务。

对于中小型银行而言，在对标国有大型银行及股份制银行财富管理渠道管理业务标准（表4-7）过程中，应充分发挥地域优势，在当地网点举办形式多样的金融服务活动，进一步夯实客户基础。例如：通过网点沙龙、财富管理知识讲座等形式引导本地客户学习金融知识，培养财富管理理念与习惯；充分发挥客户经理的积极主动性，主动了解本地大众客户需求，并帮助其解决实际生产经营中遇到的困难；聚焦本地中高端客户，在满足其基本金融需求的基础上，深入挖掘其在子女教育、跨境服务、养老规划等多方面的金融需求，逐步提升客户认可度，进而形成区域化特色。

表4-7　股份制银行财富管理渠道管理业务标准

线下财富管理渠道		线上财富管理渠道	
主要服务财富管理渠道	财富管理渠道服务内容	主要服务财富管理渠道	财富管理渠道服务内容
私人银行中心	在贵宾理财室提供服务的基础上： 专家服务团队综合化服务； 专属财富管理规划与资产配置； 定制化投资财富管理产品与私钻专属财富管理产品； 私钻客户专属非金融增值服务	手机银行 电话银行 微信银行 网上银行	"全球连线"服务： 专属私人银行客户经理24小时财富业务办理； 专属私人银行客户经理专属增值服务预约与办理

续表

线下财富管理渠道		线上财富管理渠道	
主要服务财富管理渠道	财富管理渠道服务内容	主要服务财富管理渠道	财富管理渠道服务内容
贵宾理财室	在网点专柜提供的服务基础上： "一对一"理财顾问； 定制化财富管理资讯； 专属财富管理产品； 专属非金融增值服务		贵宾服务专线： 交易与投资流程服务； 机票酒店预订、支付及配送服务； 尊享增值服务预约
网点专柜	在普通窗口服务的基础上： 理财经理提供理财服务； 财私客户绿色通道		远程银行－手机客户端客户经理线上交流工具； 财富管理产品推荐、财富管理业务咨询等； 线下业务线上办理； 线上客户线下转介绍； 网点业务线上预约
网点普通窗口	基础银行业务办理 ……		

客户管理精细化

中小型银行与国有大型银行、股份制银行、证券公司、私募公司、信托公司及第三方机构等共同参与财富管理市场的角逐，其成败的一大关键点在于对客户层的精准划分。鉴于中小型银行资源整合能力相对较差的客观现实，必须充分利用本地客户资源信息，对其进行细致划分，进而有针对性地进行关系维护与财富管理服务，实现"为客户创造价值"这一战略目标。

（1）客户分层管理。所谓客户分层管理，即对现有客户按其持有的资金规模进行分级，对于高净值客户采取个性化财富管理产品定制、设定私人财富顾问等有针对性的营销策略，而对于资产净值较低的客户则更多地推荐标准化财富管理产品，并且根据财富管理客户风险承受能力的高低，仿照信贷风险管理的模式对客户进行分级，依据客户的风险承受能力的高低进行产品推荐，从而提升营销的针对性，提高经营的效率，避免精力上的无谓浪费。

（2）客户分群管理。所谓客户分群管理，即按照客户的共同需求，将客户群体划分为年轻客群、职场客群、亲子客群、老年客群、拆迁客群等，并结合其风险承受能力和理财目标，有针对性地进行财富管理产品推荐，从而降低业务成本，提升业务价值。

（3）客户靶向触达。对于新增客户，银行可通过开展主题活动的形式，对客户进行靶向归类与营销触达。如开展青少年及幼儿教育活动，触达亲子类客户群体，提升银行获客能力的同时，促进营销转化。对于生态客户，可在生态圈内聚合行业优质品牌资源、服务资源与内容资源，通过折扣减免等优惠活动，为当地客户的金融服务需求提供便利优质的保障，不断促进该类客户与中小型银行的紧密联系。

内外资源双协同

近年来，国有大型银行及股份制银行利用自身账户、牌照和财富管理渠道优势对内加深内部协同，力求通过打破内部信息壁垒、建立内部财富管理客户资源转介等协同机制，最大限度地挖掘客户资源潜力，构筑自身财富管理"护城河"。同时，对外寻求资源互补，通过客户引流、产品互补、技术支持等手段，与其他持牌机构、金融科技公司等一起，携手构建更开放创新的财富管理生态圈。与此同时，充分利用银行内外部资源优势，在基础零售、私人银行财富、消费金融领域建立起平台优势。

（1）对内科技建设。主要从三点出发：首先，通过技术引领，运用领先的技术，实现数字化、智能化业务经营和业务管理；其次，充分利用客户的数据信息，建立起数据资产化管理体系，深挖客户数据价值，针对不同客户群体，将其运用在产品创新中；最后，加快"金融＋科技"复合型人才团队建设，助力搭建更智能的金融生态平台。

（2）对外平台搭建。中小型银行不仅利用自身科技优势搭建生态平台，也和外部的金融科技公司进行合作，提供更多元的金融服务。例如，在自建平台方面，在线上App推出远程与线下人机协同的财富管理服务模式，强化客户导向与财富管理场景化经营，可在App上进行"金融＋生活"的线上流量平台布局，深化平台优势，将服务外接到高频的财富管理生活场景中去。除此之外，银行利用平台优势将财富管理服务进行下沉和对外辐射。利用财富管理服务平台提供"代发工资"等基础财富管理服务，同时配套考勤管理服务、职业培训服务、差旅管理服务、福利集采服务、企业远程医务室服务等非金融服务，做到金融服务向非金融财富管理场景渗透。

中小型银行可借助国有大型银行及股份制银行资源协同经验，建立具备自身优势的公域和私域流量平台。通过搭建生态圈模式建立财富管理场景化的公域流量触达财富管理客户，再通过私域流量的运营实现可持续化的生态圈发展，具体而言，需从技术、合作模式、营销模式三方面推进实施。

（1）以开放的技术架构为基础。银行要以开放技术整合行内账户、支付、信贷、理财、投资等金融服务能力，通过微服务的形式灵活与各类财富管理场景平台对接，打破原有的财富管理产品模式的限制，真正实现以财富管理客户为中心的财富管理产品价值。在生态圈建立初期，可以重点关注账户和支付业务的对接，以这两种与生活密切关联的业务作为切入点，保证能够满足主流的财富管理场景平台初级的客户需求，积累数据；随后继续丰富信贷、理财、投资等多元化的业务，重塑财富管理产品模式，在有形的财富管理场景中为财富管理客户提供无形的金融服务。

（2）以共赢的合作模式为核心。合作共赢的生态关系是搭建生态圈的核心要素，在生态圈发展模式中，需要深挖银行、平台提供方、商户、财富管理客户的共同价值点，通过重视生态体系中各关联方的价值最大化才能实现生态圈的可持续性发展。中小型银行要借助可靠的金融服务、广布的银行网点的优势，为各类相关方搭建一个公域流量平台，通过叠加金融服务，提高信息的可用性、易用性和流通性。企业用户可以通过银行的公域流量平台实现自我服务能力升级，拓展运营的范围，提升流量；财富管理客户可以基于公域流量平台+优质的商户私域平台，再创全新的个人生态圈。中小型银行通过金融服务+财富管理应用场景搭建可靠的公域流量平台，助力商户、财富管理客户开展高效的私域流量运营，通过两类平台的有机配合，持续为生态圈模式注入活力。

（3）以网络化的运营推广为助力。网络效应是互联网时代的最大特征，网络化运营可以为中小型银行创造客户引流的良性发展模式，也是中小型银行搭建可持续生态圈模式的关键助力。一方面，在生态圈搭建过程中需要考虑有交互关系的财富管理场景平台，可以以社区周边的衣食住行方面为基础，从社区服务链接至政府服务和企业服务，进而打通产业链和价值链服务，通过财富管理场景的网络效应提高生态圈服务能力，吸引财富管理客户主动流入；另一方面，需要运用网络化的营销方式，以最吸引人的便利和优惠为突破口，通过社交裂变模式，发挥广泛的长尾财富管理客户和商户的自传播作用，放大生态圈中的各种财富管理产品和财富管理服务，实现财富管理客户引流，形成指数级增长，这也是中小型银行网络化运营模式的价值所在。

人才培养体系化

当前中小型银行财富管理业务数字化转型缺乏在业务端的规模化应用能力，财富管理应用场景仍不够丰富，覆盖度还不足，从试点到大规模推广还有差距，未能充分体现出金融科技的业务价值。在人才培养方面，应从人才培养策略、培养方案、培养模式等方面展开。

（1）对于一线城市及县域地区，其人才培养策略应以数字化能力为核心，使其深入了解大数据、云计算、人工智能等技术如何与本地财富管理业务场景相结合并发挥效用，进而加速推动本地线上化财富管理服务。对于二、三线城市及县域地区，其人才培养策略应以财富管理客户关系维护为核心，深入挖掘本地财富管理客户个性化、多元化金融需求，为提升财富管理客户黏性，加速业务转型奠定良好的财富管理客户基础。

（2）对于不同岗位的人员，应根据其岗位职责及岗位能力要求制定相应的人才培养方案。例如，对于财富管理客户经理而言，不仅要对银行的业务极其熟悉，更要具备财富管理客户关系维护的能力。因此，在入职培训阶段，通过系统化的培训提升其专业知识水平。同时，阶段性辅以文化传导以及专题活动，让客户经理深入了解银行文化以及资产配置理念，全面提升其综合金融素养。

（3）对于不同从业时间的从业人员，采取分级培养模式。例如，对于从业时间在5年及以上员工，打造"菁英培训"方案，加强其在业务统筹及团队管理能力上的提升。再如，对于从业时间在3~5年的员工，应着重其专业技术能力及业务能力的培养，同时通过1+1帮扶模式，带领新人尽快适应工作环境，熟悉工作内容。对于从业时间少于 3 年的员工，可实施"新星培训"计划，依据其自身优势为其定制职业发展通道。同时，通过多样化培训活动加强同级别人员交流，增强团队凝聚力。

第五章

中小型银行财富管理平台化

通过信息数字化转型，对外建立信息一体化业务线上运营平台，让客户有良好感受，对内形成信息服务数字化运营平台，成为行业融合的有效支撑，从而驱动信息服务模式转型和业务效益提高，提升线上客户运营能力。

数字化赋能财富管理平台采取了双中台的驱动方案。数字化能力中心将向智能化和专业化方向发展，以支撑前台系统的精细化服务。金融技术中心在平台设计层面可以和财富管理中心组织结构相匹配，分为前台、中台、后台、基础设施等四层结构（图5-1）。

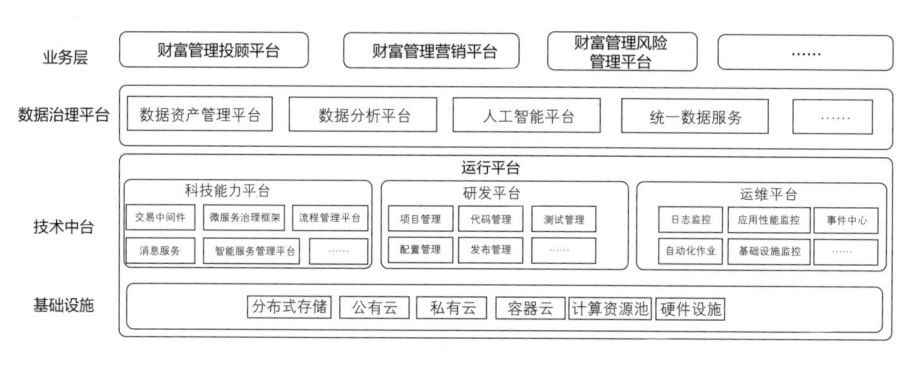

业务层	财富管理投顾平台	财富管理营销平台	财富管理风险管理平台	……
数据治理平台	数据资产管理平台	数据分析平台	人工智能平台	统一数据服务	……

技术中台（运行平台）：
- 科技能力平台：交易中间件、微服务治理框架、流程管理平台、消息服务、智能服务管理平台、……
- 研发平台：项目管理、代码管理、测试管理、配置管理、发布管理
- 运维平台：日志监控、应用性能监控、事件中心、自动化作业、基础设施监控

基础设施：分布式存储、公有云、私有云、容器云、计算资源池、硬件设施

图 5-1　科技化赋能财富管理平台的基本架构

数字化财富管理运行平台

基础设施

1. 分布式存储

（1）中小型银行金融数据的探索。在中国金融、保险等行业中，储蓄计划、贷款申请、放贷计划、投保和索赔等服务不仅在系统中留下每天的交易信息，而且系统还生成了大量的非结构化信息。比如，与服务相关的数据，包含海量的照片、文件、声音和影像等非结构化信息。随着系统的运行，文件数量爆发式增加，给原有的存储系统结构带来了新的挑战。为了解决这些数据可能出现的问题，必须建立大数据分析平台以对历史数据进行保存，进而更加方便地进行数据检索与调取。

（2）中小型银行分布式存储架构设计。Hadoop 生态系统资源管理架构的 HDFS、MapReduce 和 Yarn 是分布式存储架构的内核部分。HDFS 是分布式的文档存储系统，其主要功能是将文档分布式地存放在多台服务器上；MapReduce 是并行的计算架构，其主要功能是在多台服务器上实现并行计算；而 Yarn 则是分布式的网络架构资源调度管理平台，功能的重点是协助使用者调度大规模的 MapReduce 程序，同时也可以更加合理地分配分布式计算资源。在 Hadoop 环境管理系统结构中，以 HDFS 为代表的 Hadoop 生态的分布式网络结构文件系统，承担了切片管理工作与分布式存储工作。HDFS 由于可以提供高吞吐的内容储存业务，广泛运用于超大规模数据集，因此 HDFS 也具有最常见的 Matser / Slave 主从结构。一个 HDFS 的集群计算机通常由几个 NameNode 和几个 DataNode 所构成，其中，NameNode 一般指中心地址，又称名节点或主节点，主要用于处理文件块的内容以及对数据库的访问。而 DataNode 则通常为下一个节点服务，又称数据节点或从节点，主要用于数据块的建立、恢复与保存。

2. 云部署

公有云和私人云最大的差异在于对数据的控制权限，如果选择了公有云，则需要把数据委托于云服务商的数据中心，这样公司对数据的控制力量就大大降低了。但公有云的资源价格优势、运营保障力和网络安全保障则是私人云所无法比拟的。对于私有云系统而言，需要一定的技术能力支撑，大致包括如下几个方面。

（1）操作系统的选型、建设、运行、管理。运用虚拟化技术，对信息技术基础设施所提供的物理运算、存储资源等实现整合、池化，以达到对网络资源的随需调用与回收。所以，信息系统的运行稳定性、兼容性和对问题故障的解决能力，直接关系着整个中小型银行的网络系统的稳定性。

（2）私有云体系的二次开发。私有云只提供最基础的功能，但针对整个中小型银行而言，仍有许多应用是基础功能根本无法实现的，所以必须二次开发，以适应多样化的服务要求。

（3）私有云的安全性。由于私有云集硬件资源、计算资源、信息网络资源等于一身，对安全保障提出了很高的要求，如果某一点出现了故障或被入侵，则其他的业务体系将很容易被波及。因此，对私有云而言，安全策略、安全运维是十分关键的需求。

（4）信息技术的迭代。现在的信息技术正快速迭代更新，若要迭代私有云技术，并让其以更好的模式服务于中小型银行，就需不断向科技公司学习。同时，为应对人才流动所带来的发展断档，需要在公司内部建立更高效、完整的人才培养体系。

3. 云计算资源

将原有服务器作为服务资源池，同时也把传统业务应用转移到云计算资源平台，以实现软硬件资源的整合，进而提高资源的利用率。软硬件资源的整合的模型，能够使资源调配工作朝着更加智能化的方向发展，同时也能为信息系统的建设、操作营造良好的工作环境和气氛。

（1）异构资源整合管理系统。由于灾备中心中存在着大量的异相设备，包括不同型号的网络、主机以及存储，为此，云计算资源管理平台须具备对异相设备进行集成与管理的功能，并且需采用统一的用户界面。

（2）资源按需要递交并自主分配。云计算管理网络平台都是按照实际应用需要来递交各种数据的。不同客户都可进入云计算管理网络平台的主页，并在主页中提出自身的数据使用要求。经由专门的管理层进行审批后，云计算资源网络平台就会按照自己的方式，为对应的客户需求递交具体的数据和相关内容。若使用者自身所需要的公共资源有所变动，其就可以在平台中提交有相关的请求，经由专业管理人员审核后，云计算管理平台会自动对资源配置做出改变。

（3）资源的动态调配。云计算管理平台由计算资源池、存储资源池、管理网络资源池等构成。使用者所需的资料都是在资源池内产生的，资料使用完毕后，就可将资料返回资料池。云计算资源系统可以根据相关人员制定的标准，对资源池的动态做出合理、适当的调度和配置，其功能主要包括对虚拟机资源进行转移、集群弹性伸缩等。

（4）承载灾备中心特有的特殊业务。在灾备中心上线后，云计算等基础资源能够以自身的形式承载灾备中心的特殊业务。现阶段，全国各地的灾备管理中心已对全部数据完成灾备建设，为数据管理的实时保障、数据演练操作提供了坚实的支撑和保障。

技术中台

1. 科技能力平台

（1）财富管理科技能力平台的交易中间件。在各类中间件产品中，交易中间件是性质比较复杂的一种。它提供了一个基本的框架，来帮助客户建立、实施和管理服务器，其应用无须从零开始，可减少产品开发的时间，并提高产品开发的成功率。

交易中间件的主要功能是对系统资源进行高效管理，并最大限度地增强系统的并发工作能力，进而提升整体管理系统的效能。在银行联机服务系统中，交易中间件的功能点如下：

①进程管理。通过对业务过程的调节，交易中间件可在一般情形下，用尽量少的业务进程管理尽可能多的请求，从而降低进程的开启或结束次数。在中小型银行资产处理服务的高峰时段，交易中间件可减少服务进程用时以保证系统在规定的负荷内运行；当所需的服务规模超出了系统的受理能力范围时，交易中间件会针对申请的队列情况发挥缓冲区的作用。

②成交优先服务。由于系统对成交优先的界定，交易中间件可以对优先级最高的中小型银行进行更及时回应。

③数据传输。交易中间件负责管理和监视全辖区域内的每个银行网点的通信状况，以保证网点和主机的联系顺畅，并提供流量管理功能，以确保在不同线路状况下都能实现有效的数据传输。

④平衡服务负载。交易中间件可按照服务特性的差异，将请求分派到不同的服务器加以处理，从而确保了各个服务器的处理作用得以充分发挥。

⑤授权及安全管理。交易中间件具有多级的安全性审核控制功能，可以直接对服务器程序实施管理，限制服务器端对软件的访问权限，并且提

供了节点验证、传输加密等多种功能。

在引入交易中间件后，中小型银行的财富管理服务系统具有了如图5-2所示的三层结构，包含操作业务层、应用服务层、数据服务层。操作业务层即信息运转层，也称为前台站点，采用计算机端口连接；应用服务层也称为功能性业务层，通过配置交易中间件及其服务程序，完成对业务逻辑的管理；数据服务层则指数据传输层，通常选用高性能计算机系统（如 AS400、RS/6000 等），并选用大规模数据库系统（如 Oracle、Informix 等）用作交换业务的内核服务器。

（2）微服务治理架构。为适应财富管理业务的场景和技术的快速发展，提升中小型银行财富管理系统的获客能力，亟须升级改造中小型银行财富管理系统的架构。中小型银行已有的架构体系主要具有如下特点：第一，大部分应用仍采用传统的整体架构方式，随着需求的不断增加、系统不断升级和扩展，这种架构的扩展性和稳定性大大降低，亟须转型；第二，大多体量相对较大且系统设计复杂，系统间的耦合度高、维护成本高昂、优化迭代效率缓慢。随着移动网络的高速发展，为满足金融服务领域移动应用的快速普及和使用，就要求对应用能力进行高速迭代；第三，随着云计算技术在金融行业中的广泛运用，传统应用系统在云计算上的普及程度越来越高，但是基于云端的应用系统和传统应用系统仍有着卓然不同的技术实现方法和开发运维模式。

一个成功的微服务架构应该包含如下关键组件：

①服务框架。要增加应用平台的可伸缩性和规模，以及实现所有业务的独立部署，就需要一个核心架构来聚合服务的发现及质量的监测、跟踪和管理等核心部件。

在工程实践中，Dubbo, Motan, gRPC, Spring Cloud 和 Istio 等是目前比较主流的架构。其中，Motan、Dubbo、RPC 等均是 RPC 架构，提供了比

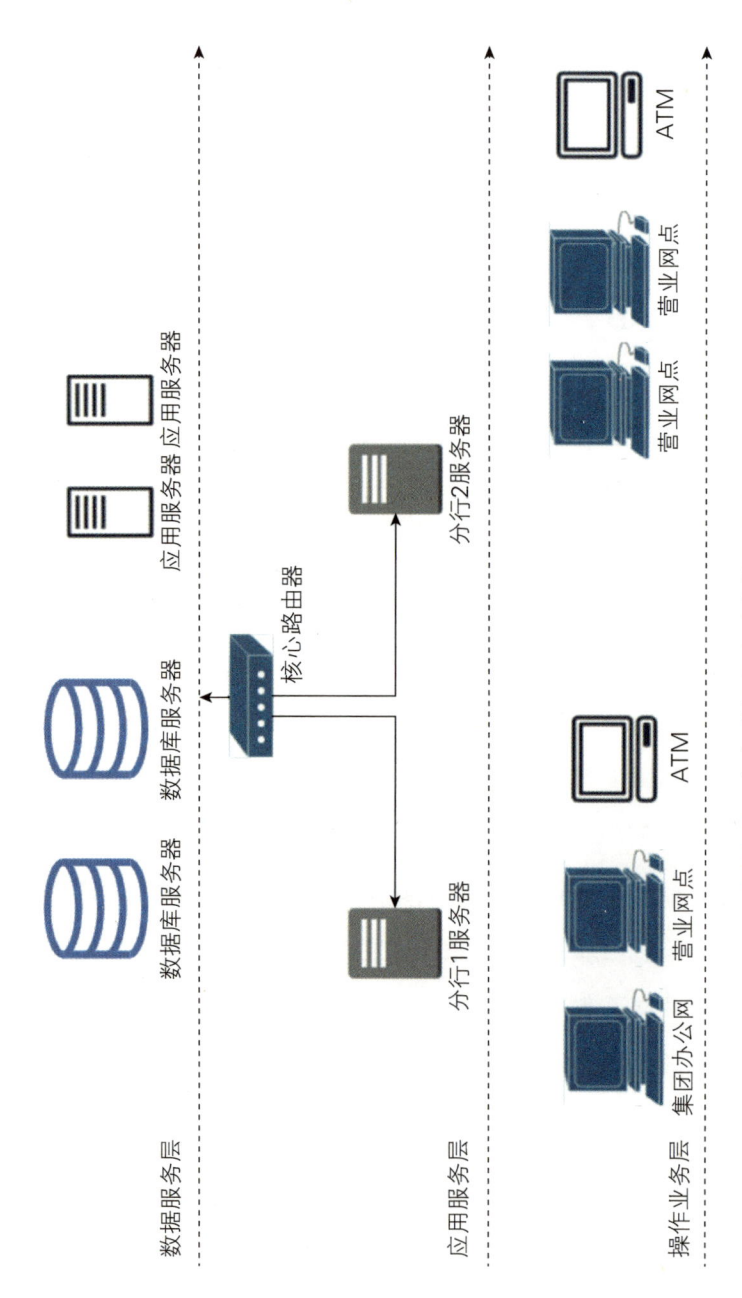

图 5-2 中小型银行的财富管理服务系统

较多的用户管理功能且操作相对简单。Spring Cloud 则是通过 Spring Boot 架构组成，由不同的成熟架构结合并进行再封装。目前，Spring Cloud 已经具备了完善的生态体系，是业内应用最为普遍的微服务架构之一。Istio 是一种分布式的业务网格，能为分布式微服务架构提供必要的功能与控制条件。

随着各组织越来越多地采用云平台，使用微服务设计框架具备更好的可移植性，两种微业务架构 Spring Cloud 和 Istion 的对比如表 5-1 所示。

表 5-1　Spring Cloud 与 Istion 微服务框架对比

场景选择	开发语言	治理策略变更	框架升级	高效治理功能	业务规模
Spring Cloud	只支持 Java	治理策略变更不频繁，可以通过上线解决	框架升级不频繁，不会和业务升级相互耦合、影响	无	业务规模中，核心业务不是微服务框架
Istio	Java，Python，C++，PHP等主流语言	策略变更频繁，有动态服务治理的强需求	框架迭代频繁，需要和业务解耦	需要使用高级的服务治理功能，如混沌测试、智能调参，需要容器间网络可编程	业务规模庞大，需要一种可复制的基础设施，满足规模化的服务治理需求

②服务注册与发现。系统集群运行时，服务既可以在线也可离线，且不影响别的服务和整个系统正常运行。添加实例的方式包括用户注册、发现中心和支持远程调度功能的动态寻址。注册服务中心的基本原理结构如图 5-3 所示，通常注册表应具有以下功能：服务登记，服务注册、发现，健康检查。

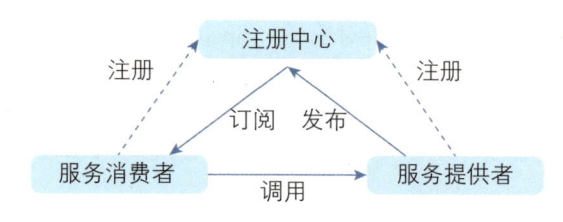

图 5-3　注册中心基础原理架构

③负载均衡。负载均衡包括了服务器负载和客户端负载两种。服务器负载通常由单独的系统或软件完成，比如 F5、LVS、Nginx、HAProxy 等，介于客户端与服务器之间，主要是由运维人员事先维护好一个服务实例的地址表，然后再利用心跳监控机制和故障重试的方法，动态地保护服务队列内的节点。客户端将需要保存的服务器端路由信息交给注册表进行动态保护。这种方法很有效地缓解了服务器承载的单点问题，如图 5-4 所示。

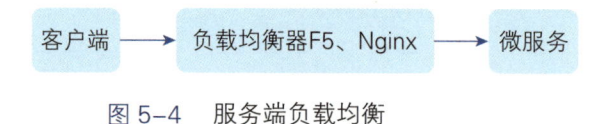

图 5-4　服务端负载均衡

④服务配置。随着分布式系统业务逐渐增多，流程的关键配置也相应增加，包含接入池设置、限流政策、端口切换、路径规定等。但是，业务在众多条件中的部署工作往往要求自己的配置管理系统来支持。

⑤服务容错。服务容错是分布式系统安全性的关键部分。在微服务架构中，一个业务流程一旦出现故障，将会导致很多与该业务流程相关的其他业务流程都无法使用。最常见的服务容错就是超时重试机制，该机制为被调用的服务设置了特定的超时期限、有限的重试次数。在失败的情况下，可以及时释放连接，避免资源过度占用。此外，限流模式通过控制速率、并发度提前进行调峰处理，可以防止应用程序因系统负载过大而无法对外提供服务。断路器模式将监控接口进行调用，当不可用的服务被调动时，

也可以采用一定的熔断策略直接返回，从而有效地防止用户不断尝试调用不可用的服务。

在支持上述容错策略的技术框架中，Sentinel、Hystrix 是两个比较常用的框架。Sentinel 有多种流量控制方式，拥有高效的实时监控和控制台；Hystrix 包含基于熔断和隔离的容错机制，当系统出现超时或出错时，它会迅速提供一个回退机制。相关比较列于表 5-2 中。

表 5-2　服务容错框架对比

类型	Sentinel	Hystrix
隔离策略	信号量隔离	线程池隔离/信号量隔离
熔断降级策略	基于响应时间或者失败比例	基于失败比例
实时指标实现	滑动窗口	滑动窗口
基于注解支持	支持	支持
限流	支持 QPS/并发，支持调用关系的限流	不支持
系统负载保护	支持	不支持
控制台	部署即用，可支持规则动态配置、实时监控等	不支持

⑥服务链路跟踪。在大规模分布式微服务系统中，微业务连接往往具有多途径、多级的调用链路关系。要迅速定位复杂链路中所存在的问题，并了解每次请求所耗费的时间，就需要一个业务链路跟踪管理系统。Skywalking 是一个基于字节码注入技术的链路分析和监控分析开发工具，并支持各种插件，其 UI 功能强大。Zipkin 是 Tiwitter 开源函数链分析开发工具，目前广泛应用在 Spring 的 Cloud Sleuth 中。

（3）财富管理科技能力平台的流程管理平台。随着中小型银行财富管理业务信息化的迅速发展，不少中小型银行在系统建设上的投资越来越多，例如财务报销系统、电子打印申请系统等服务系统，为中小商业银行的有效经营提供了保障。这些系统都包含定制化程序，其设计和研发费用、运维成本都非常高。针对中小型银行的经营特征，构建一种可扩展的、便于维护的流程管理系统十分重要。

一个具有可扩展性、易用性和兼容性的业务流程管理系统应具备如下功能：

①根据业务数据模型建立相应的审批模型，以兼容各种业务系统。

②灵活配置审批内容，以满足每个审批环节的不同要求。

③在确定业务流程类别后，根据业务场景的配置审批流程。

④统一审批组织、用户管理、角色管理。

⑤根据实际的业务需求，审批节点条件，判断配置。

⑥进程启动前和进程结束后的动作配置，包括发送消息、执行程序等。

⑦兼容扩展属性配置，为流程统计、流程特殊处理提供相关支持。

⑧其他流程属性的配置，如是否跳过同一个审批人，是否手动选人，是否指定退出节点，是否会签，等等。

⑨手机审批模块，该模块基于 H5 开发，要支持安卓（Android）系统、iOS 系统、企业微信、钉钉审批。

数字经济时代到来后，银行转型离不开大数据处理能力的提升，在此背景下，为了更好地支撑业务发展和推动业务创新，中小型银行需要建设分布式消息服务平台，为实现高质量的金融服务提供基础设施支撑。

2. 研发平台

一体化的软件开发项目管理工具，如 Git、SVN 程序托管等，可协助开发队伍迅速进行项目开发与管理工作，促进企业产品开发管理的升级，并提高企业产品开发管理水平。

（1）项目管理。项目管理即从产品故事地图出发，对项目进行构想，制订里程碑、计划等，并进行产品实施规划。项目管理工具须对每一次产品迭代计划中的需求进行管理，并提供涵盖Office文档、MarkDown文件和思维导图等文件的协作管理系统，其通过对产品结构、设计一致的了解，使得产品信息更加与时俱进。

（2）代码管理。强大的分布式代码管理集群，能为团队提供安全、高性能、稳定的代码托管、查询、审核和扫描业务，能够支持大企业的协同开发场景。其中，发版检测功能让代码安全地发版，降低遗漏风险，个人工作台功能让工作更加高效。

（3）测试管理。自动化流水线测试管理系统集成了各种任务和平台，并内置单独的测试管理平台，支持手工、接口、性能测试类型，并且支持接口管理、MockServer、用例、套件、测试计划、执行记录与报表。

3. 运维平台

运维平台应以场景设计为引导、以数据管理为基石，并运用前沿的实时大数据处理运算和管理技术，且须与业界经验进行深入融合，进而修复后台信息技术管理基础体系和前台服务应用之间的管理断裂、信息断层，提升信息技术与业务的管理效能。

（1）日志监控。制定构建一站式日志解决方案（图5-5），深度发掘日志功能，并通过大数据分析技术对离散日志进行统计控制、存储、处理、查询分析，从而打造一个能够处理日产太字节（TB）量级的日志监控系统。此外，在各个业务节点上埋点，并实时获取相关日志。系统的日志信息采集、清除、筛选等须形成可视化页面和报告。

（2）应用性能监控。应用性能监控的工作包含：追踪性能问题，快速定位应用缓存、错误和异常，确保业务质量。例如，WGCLOUD是一个分

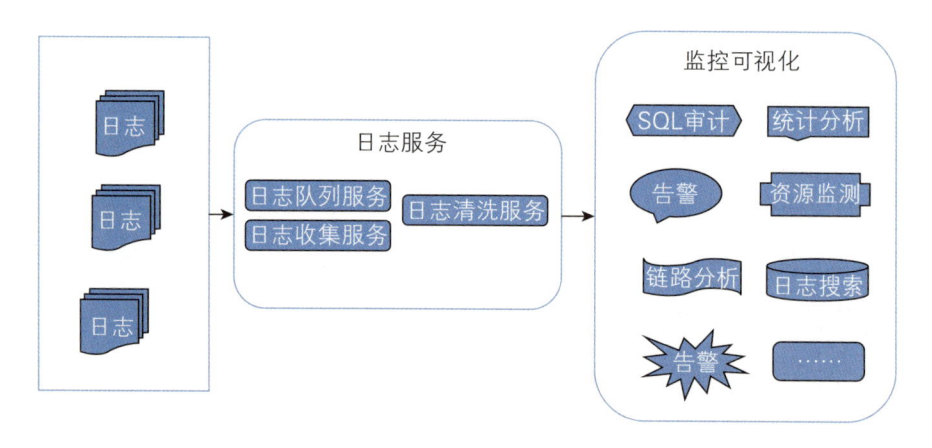

图 5-5　日志解决方案

布式的开源运维监控系统，具有部署方便、上手容易、性能稳定、使用简单等优点，可支持常见的数据监测、应用性能监控、日志监测、端口监测、文件防篡改监测等。

（3）智能化操作。智能化操作要求系统拥有完善的运维脚本数据库和灵活的编排技巧，使日常烦琐的运维操作更加流程化、标准化，从而减少人工操作所消耗的时间，进而提升运维效能。

（4）事务管理中心。事务管理中心须连接所有监控平台的信息，实现事务的反馈、提醒、追溯、处理和多维分析。

（5）基础设施监控。基础设施监控即要求全面掌控物联网、信息技术等基础设施运行状态，以便实时保证资源正常运行。

数字化财富管理投顾平台

从财富管理的需求端来说，中国作为世界第二大经济体，随着居民收入稳步上升，财富管理的需求也在快速增长；随着平台经济的快速发展，传统金融机构的数字化和平台化转型已势在必行。同时，客户也变得更加成熟和理性，传统的理财平台已经无法满足其需求，而"一站式"的数字化财富管理投顾平台必将成为行业未来的发展重点。

平台概述

1. 产生背景

传统财富管理方法在管理个人财富的过程中存在着不少弊端：一是财富管理系统所服务的客户数量有限，管理收费较高，且主要面向小部分的机构客户以及高净值客户；二是管理资源配置效率低下，且获客成本较高；三是中国传统理财产品投资者实力参差不齐，且知识结构简单。

数字化财富管理投顾平台，作为一个新型的财富管理工具，在国内外市场均有很好的发展前景，同时还有一些如下所述的其他利好因素能够促进数字化财富管理投顾平台的蓬勃发展。

（1）监管制度完善。2015年3月，中国证券业协会发布了《账户管理业务规则（征求意见稿）》，表明持照的资金管理工作咨询服务机构可受客户的委派，代客进行账户管理，并且提供贸易信息管理服务以及资金咨询服务与资产信息管理服务。

（2）我国潜在市场巨大。大众投资者并没有深入理解理财产品，而只是将资金直接放进了商业银行的理财产品中，因此在互联网金融产品中的资金配置相对较少。

（3）消费者基础庞大。互联网数字化财富管理投顾平台在我国消费者基础庞大，而对互联网产业接触程度较高的中国年轻群体也处在社会财富迅速积累阶段，因此未来互联网数字化财富管理投顾服务市场规模将具有更大的开拓空间。

2. 数字化财富管理投顾平台的概念与特点

数字化财富管理投顾平台是指客户可直接将资金交由专用机器人进行打理投资的平台。它通过云计算、大数据分析、机器学习等技术手段，把现代的财富配置概念运用到模型中，依据客户的财务状态、风险偏好以及收益水平，向客户提供智能化、个性化的投资方案，并监控市场动态，为财富配置实现自动再平衡，从而提升资产回报率，进而帮助客户做到"零基础、零成本、专家级"的动态财富配置。

数字化财富管理投顾平台主要有以下三个特性：第一，分散，帮助投资人把资金分散在不同的篮子里，以追求风险与收益的匹配；第二，个性化，针对投资人的个人状况，为每个投资人提供个性化投资指导；第三，长期，寻求持续稳定的收益。

数字化财富管理投顾平台包括如下功能：第一，客户画像，管理系统采用调查问卷来评估客户的风险承受能力与财富价值；第二，财富配置选择，管理系统按照客户风险偏好，在备选财富池中选择个性化的财富配置；第三，客户资本委托，客户资本被管理系统转为独立第三方委托；第四，由平台直接为客户发布购买命令，并直接交易所有财富；第五，财富配置的平衡，由客户来检测调整财富配置，由平台依据当前行情形势和客户需求情况进行预测和调仓；第六，由平台缴纳相关管理费。

3. 平台优势

（1）解决了利益冲突。传统财富管理机构的投资顾问主要以销售为导向，投顾人员向客户推销产品，并获得相应的绩效和提成。客户的理财收益除了与产品的收益有关，还与投资期限、流动性需求和投资费率等方面相关，而这些因素与投顾人员的薪酬考核并无太大关系，在营销过程中经常被忽略。数字化财富管理投顾平台的资产配置过程基于算法，可以很好地解决利益冲突问题。

（2）具有普惠性。目前，数字化财富管理投顾平台已经可以实现智能财务规划和智能投资，目的是以一种低成本的方式让大众客户也能享受到私人银行财富管理服务。数字化财富管理投顾平台的理财规划类似于高净值客户的财富规划。大众客户的人生目标相对简单、个性化程度低，可以通过科技实现预测和规划。数字化财富管理投顾平台生成理财规划后，客户可以根据数字化财富管理投顾平台生成的金融方案和资产配置方案自行理财投资，也可以全权委托数字化财富管理投顾平台进行自动化的理财投资。

（3）降低了人工成本。国内外的资管公司和商业银行等投资机构均采用了数字化的财富管理投顾平台，对客户进行分级营销，把长尾客户交由机器投资顾问为之服务，而财富客户和高净值客户则由人工投资顾问服务，人工投资顾问在业务上更为人性化，专业性更强。国外互联网公司的数字化财富管理投顾平台为了使平台更加个性化，也开发了智能财务规划功能，可以很好地满足长尾客户的理财需求。人工投顾则可以专注于提升投顾和金融理财的专业性，提升为高净值客户服务的能力。数字化财富管理投顾平台在降低人工成本的同时，也利于财富管理机构的客户分层经营，提升客户体验感。

（4）优化了资金配置。数字化的财富管理投顾平台根据哈里·马科维茨的资产组合理论进行模型的构建，该理论强调，应针对不同人对风险与利益的态度，建立不同的资产组合，以达到资金分配的最大化。数字化财富管理投顾平台根据不同客户给予个性化的资产选择方案，以进行对个人资金的最优化配置。数字化财富管理投顾平台是为"小白"投资者服务的诚心之作，力求给没有金融专业知识和缺乏理财时间的个人客户，带来最有效的理财咨询服务。平台在客户进行最简单的融资步骤之后，即可从多个金融服务产品中，为客户供给内容丰富且有针对性的投资组合，整套过程全由人工智能来实现。

（5）降低了服务门槛。数字化财富管理投顾平台服务门槛较低，能够让产品服务于更广大的群体，其经营模式和方法适合于大多数客户。数字化财富管理投顾服务颠覆了以往投资咨询通过交易的佣金来赚钱的方式，减少了交易成本。

业务模式

1. 独立建议型平台

独立建议型的数字化财富管理投顾平台采用调研问卷的方法，对客户的年龄段、资产、投入年限以及风险承受能力等方面经过大数据分析之后，再加以测算，从而为客户提供符合其资金风险程度与收益率需求的各种不同配比的金融服务产品。这类数字化财富管理投顾平台仅为理财客户提供建议，并代理其他机构的金融服务产品，但平台本身不发布金融服务产品。该类平台所推介的产品，一般为货币基金、债权基金、股权基金和指数基金等，部分平台还有证券、期货、国债和黄金等。而在融资币种领域，有使用人民币直接投资中国境内金融市场的平台公司、有使用美元直接投资国外市场的平台公司，还有二者并存的融资平台公司（图5-6）。

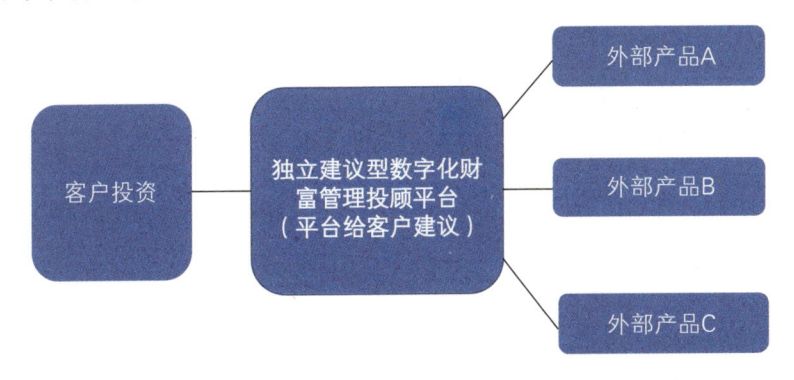

图 5-6 独立建议型数字化财富管理投顾平台的模式

（资料来源：雪球网）

2. 混合推荐型平台

该类平台在服务中加入了自身特有的金融服务产品，即向客户介绍的资产配置产品中，部分金融服务产品是平台自己研发的。这类产品仍然采用调研问卷的形式，对客户的年龄、财富、资产期限以及风险承受能力等方面做出分析判断。和独立建议型平台有所不同的是，混合推荐型平台向客户提供的理财产品既包括了平台自身特有金融机构理财产品，也包括了其他的金融服务产品（图5-7）。

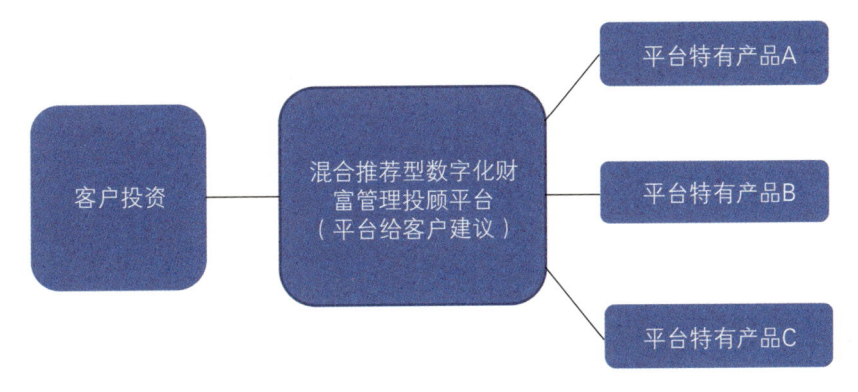

图 5-7 混合推荐型数字化财富管理投顾平台的模式

（资料来源：雪球网）

3. 一键理财型平台

一键理财型数字化财富管理投顾平台的产品并不会直接参与具体的个人理财选择计划，客户只需要选择"数字化财富管理投顾网络平台"的服务，系统便会按照客户的实际需要和以往的操作数据自主选择项目。这类量化资产管理投顾产品，通过向客户展示"收益"，利用人工智能机器人完成资产配置的流程，客户并不介入。平台依据客户行为分析客户资本的转出概率，为客户配置流动性需求多样化的资产组合，并设定差异化的现金资产保留比例，最后通过智能搭配来完成客户间的债权转让，确保没有了资金池也能够给客户带来随存随取的"活期"服务（图 5-8）。

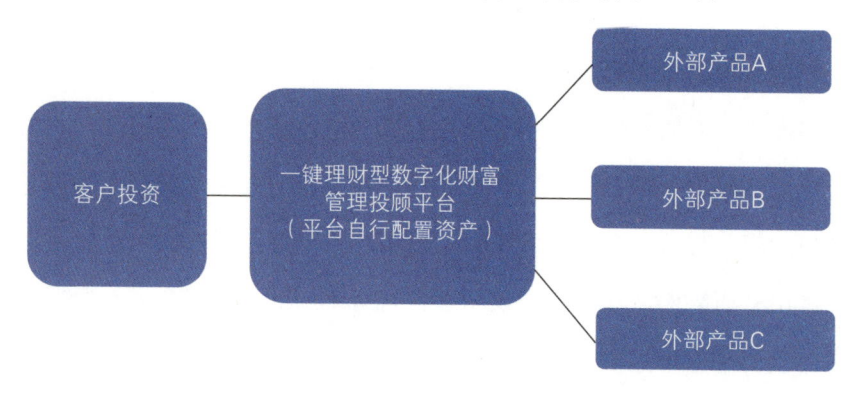

图 5-8 一键理财型数字化财富管理投顾平台的模式

（资料来源：雪球网）

国内外实践经验

在财富管理数字化转型和公募基金投顾业务试点的背景下，数字化财富管理投顾平台发展迎来契机。数字化财富管理投顾平台是大众客户的"私人银行"，国内外数字化财富管理投顾平台的建设，可以参考相关平台建设的最佳实践，并结合金融机构自身的特点和优势布局。

1. 外部支持

数字化财富管理投顾平台的建设，在获取外部支持方面存在丰富的经验，其成功的措施主要有以下三个方面。

（1）与银行服务结合。从国内外数字化财富管理投顾平台的优秀案例分析中可以看出，银行服务对数字化财富管理投顾平台的体验很重要。银行服务可以允许客户使用账户中的资金来消费或进行生活支付，为客户提供流动性的同时，也为客户资金动账和使用提供了便利。

（2）与多账户关联。财务规划和资产配置需要对客户的个人资产负债情况和平时的消费情况等有一定的了解。除了银行，其他金融机构难以获取客户完整的资产负债情况和消费数据，而数据不全则可能会使数字化财富管理投顾平台的使用便捷程度和个性化程度大幅降低。因此，数字化财富管理投顾平台需要基于一个多方合作、开放式生态的大数据平台，允许客户关联个人名下的主要金融账户甚至所有账户，优化数字化财富管理投顾平台的理财投资体验。

（3）与客户信息评估机构紧密合作。数字化财富管理投顾平台通过客户信息评估机构了解投资门槛以及目标客群的匹配程度，实现客户分层经营。客户分层经营的优点是可以满足不同客户的需求，一些数字化财富管理投顾平台将投资门槛提高，会将一部分有需求的长尾客户排除在外，不利于吸引一开始抱着"试试看"的心态的客户。因此，分层经营不仅服务要分层，投资门槛也要分层。

2. 服务内容

数字化财富管理投顾平台在服务内容方面拥有丰富的实践经验，具体体现在如下几个方面。

（1）投资目标多样化。大众客户在进行财务规划和资产配置时，设置详细的投资目标可以更好地满足不同客户的需求，大幅减少人工投顾介入。

数字化财富管理投顾平台的大类资产类别较多，可以为客户实现更加分散化的投资，同时也可以满足有另类投资需求的客户。

（2）投资组合选择多。主题投资是满足客户投资个性化需求的一种方式，优秀的数字化财富管理投顾平台需要紧跟时事热点，掌握金融市场的风向，为客户提供更多的主题投资，来满足客户对一些热门领域的投资需求。例如，近年来ESG[①]主题投资较为热门，数字化财富管理投顾平台可以创建ESG主题的投资组合来迎合客户对社会责任、气候变化等方面的关注。

（3）税收优化。国内外资本利得税及企业所得税普遍较高，数字化财富管理投顾平台是否可以进行税收优化直接关系到客户的最终收益。因此，优秀的数字化财富管理投顾平台需要将税收纳入收益最大化，但对于税率较低、税收对投资收益影响较小的国家，税收优化功能并非必需。

（4）资产配置方法灵活。资产配置的目的是帮助客户实现理财、保值、增值，这与配置方法有很大的关系。学术研究结果显示，投资者的风险偏好会随着生命周期的变化而变。这需要数字化财富管理投顾平台设置多个风险等级，再根据现代投资组合理论和资产配置模型，为每个风险等级组建收益最大化的投资组合，并随着客户年龄和生命阶段的变化，灵活调整客户的风险等级和对应的投资组合。

（5）组合产品选择独立且可调节。数字化财富管理投顾平台以客户利益为中心，资产配置、投资组合建立和组合产品选择过程中的独立性对客户很重要。优秀的数字化财富管理投顾平台需要以独立的买方视角来为客户选择投资产品，组建投资组合，将产生利益冲突的可能性降至最低。要解决利益冲突问题，就需要数字化财富管理投顾平台仅以提供投顾建议和

---

① 环境（environment）、社会（social）和公司治理（governance）的英文首字母缩写。——编者注

智能投资为盈利来源，即主要收入来源是管理费，并且不以代销自有或其他金融机构的产品为业绩或收入来源。同时，可以学习机器人投资顾问公司（robo-advisor，也称智能理财），向客户公开披露平台的收入来源，使客户对平台产生信任感。如果一些客户对投资组合中的商品选项有个人偏好，则允许客户对投资组合中的商品做出调整，并允许客户对投资组合中的商品选项增加限定要求，以便更好地满足客户的个人偏好和个性化要求。

3. 服务方式及特点

中小型银行数字化财富管理投顾平台的服务方式有客户分层服务，线上线下结合服务，低费率与免费体验服务。

（1）客户分层服务。数字化财富管理投顾平台的目标客群主要是大众客户，但大众客户的需求和富裕程度也有所不同。因此，数字化财富管理投顾平台也需要对客户进行分层服务，在机器服务的基础上，提供人工投顾服务作为增值服务供客户选择。此外，数字化财富管理投顾平台也可以针对有自主交易需求的客户提供智能交易等额外的服务，以满足不同客户的需求。

（2）线上线下结合服务。客户分层经营不仅体现在线上服务，线下服务也同样重要。在强人工智能时代到来前，智能服务还不能完全取代人工服务，一些复杂的任务还是需要人工执行才能达到理想的效果。因此，线上服务并不能满足客户的所有需求，营业部和线下网点的设立仍然重要。线下网点的布局，与数字化财富管理投顾平台服务形成互补，可以更好地服务于客户，但同时也会增加成本，开展数字化财富管理投顾平台业务需要平衡设立线下网点的成本与效益之间的关系。对于本身就设有线下网点的机构而言，开展数字化财富管理投顾平台业务会具有一定优势。

（3）信息透明且投教内容丰富。数字化财富管理投顾平台作为一个完全由机器服务客户的平台，透明的信息披露也很重要。线上服务的一个弊端在于，客户有问题只能通过线上或电话的途径解决。资产配置和理财投资涉及一定的专业认知，如果线上信息披露不透明、客户找不到想要了解的信息，或是投教内容很少、无法为客户解释一些专业性强的问题，就难以获取客户的信任，为获客增添难度。即使是一些有线下网点的数字化财富管理投顾平台，信息披露不透明或投教没有做好，也不利于线上获客，只能依靠线下推广来获客。因此，透明的信息披露和丰富的投教内容对数字化财富管理投顾平台这种完全基于线上的服务平台来说也同样重要。

（4）低费率与免费体验。费率的高低直接关系到客户的最终收益和成功达成目标的概率。因此，低费率对数字化财富管理投顾平台很重要。目前，国外数字化财富管理投顾平台的管理费大多在 0.25% 左右，投资组合建立也以低费率为原则，为大众客户优化费后收益。免费体验服务可以让客户在购买服务前了解该服务是否为真正所需，使服务能为有需求的客户所用，也使客户的预期与实际体验相符。此外，数字化财富管理投顾平台作为一种以线上交易为主的服务型产品，获客渠道有相当一部分来自线上，提供免费体验也可以作为一个获客的入口。

数字化财富管理营销平台

业内普遍认为"以客户为中心"是做大做好财富管理的核心思路，而获客和留客则是破题的关键。从国内外银行业经验来看，数字化营销平台建设可提高商业银行的客户拓展、产品配置和服务能力，从根本上解决获客和留客两大难题，有效赋能财富管理。一方面，数字化营销平台通过丰富场景营销、理解洞察客户需求、多渠道触达等手段，可有效提升银行获客能力；另一方面，数字化营销平台通过实现产品线上化改造和个性化配置，可提供便利的线上服务，改善客户服务体验，以产品和服务为抓手提升客户经营能力。因此，数字化营销平台赋能财富管理是银行面对的新挑战，也是推动其改革发展的必然选择。

产生背景

1. 大数据分析应用全球化趋势

在大数据时代，数据作为"无形资产"，已经渗透到各行各业发展和社会变革的各个方面。从金融市场布局看，大数据的大规模应用浪潮已从商业银行传统信贷业务席卷至财富管理行业，全球领先企业纷纷增加对大数据应用、技术和能力建设的投资。大数据技术可以有效赋能财富管理前中后台多项业务活动，提升效率。因而，通过制定清晰的数字化战略、建立系统化模型、加强数据基础设施能力的财富管理机构能够助力中小型银行实现价值创造最大化。

2014年，大数据首次被写入政府工作报告，逐渐成为各级政府关注的焦点。而后，国家发布了多个大数据建设文件，高度重视大数据在促进经济社会发展中的地位和作用。2015年9月，国务院发布《促进大数据发展的行动纲要》，将大数据发展规划上升到国家战略层面。十九大报告提出加快推进大数据与实体经济深度融合发展。在2021年3月发布的"十四五"规划中，提出加快构建全国一体化的大数据中心体系（图5-9）。

图 5-9 大数据发展的政府规划

大数据的重要性不仅体现在国家的顶层设计上，也体现在交易数据庞大的商业银行未来的发展中。大数据技术在风险管控的多个领域体现出经济价值，在数据处理、分析和可视化等多个过程中推动科学决策，能够为财富管理带来的巨大发展潜力。

近年来，大数据技术不断迭代发展，使得海量数据的大规模处理变得更加简单便捷，推动了各行各业的技术进步和效率提升。我国大型银行由于手持海量数据且拥有丰富的业务线，在早期阶段便投入了大数据分析的大规模运用，率先开启了数字化转型策略（表5-3）。

表 5-3 我国银行的数字化转型相关战略

银行	数字化转型相关战略
中国工商银行	ECOS 智慧银行生态系统：E（Enterprise-level）——企业级，C（Customer-centered）——以客户为中心，O-（Open）——开放融合，S（Smart）——智慧智能
中国农业银行	"iAC" 数字化战略强调：i（intelligent）智慧的、i（I）我、i（integrated）融合、i（impetus）科技助力、ABC（中国农业银行）
中国银行	"1234" 数字化发展战略提出：确定 1 个主轴——数字化，2 个架构——企业级业务与服务，3 个平台——云计算、大数据和人工智能，4 大领域——业务创新发展、业务科技融合、技术能力建设、科技体制机制转型
中国建设银行	"TOP+" 金融科技战略规划强调：T——科技驱动，以技术和数据为双要素驱动、O——能力开放、P——平台生态、+——培育鼓励创新和支持创新
交通银行	新"531"工程以打造数字化、智慧型交行为核心，以持续提升集团的服务能力、管理能力、综合竞争能力为最终目的，推动大数据、人工智能、云计算、移动互联、生物技术、区块链等新兴技术与银行业务的深度融合

2. 大数据驱动精准化营销

传统的银行销售针对客户的资产情况进行简单划分，在相同的财富水平下，由于年龄、性别、文化程度、财富来源、风险偏好和理财目标的差异，传统业务模式无法完全满足客户的财富管理需求。大型银行采用大数据挖掘驱动销售，深度挖掘客户的多样化需求，满足不同客户群体的财富管理需求，追求立体的客群管理模式（表 5-4）。

表 5-4 大数据驱动的精准营销客群、需求特点以及关键技术

客群	需求特点	关键技术
高净值富裕客群	个性化专属服务	一对一私人定制

续表

客群	需求特点	关键技术
大众富裕客群	多元化资产配置	大数据、客户画像、场景覆盖
普通大众投资者	自助式财富管理	一站式金融服务平台

银行理财业务需要调整原有的战略分层,针对不同客群的理财需求提供更完善的服务。不同客群的需求、投资偏好和资产配置差异很大,银行应利用大数据、人工智能等技术,打造更加专业、精准、个性化的数字化财富管理营销平台。

数字化营销是指根据目标客户的个人特征、购物行为、社交网络等消费行为大数据,运用机器学习和深度学习等算法建立模型,以实现更精准、全方位的客户画像,为客户提供产品和服务。与传统营销相比,数字化营销在渠道覆盖、营销效果、客户体验等方面优势更加明显(表5-5)。

表5-5 传统营销与数字化营销的比较

维度	传统营销	数字化营销
营销主体	营销人员	大数据+机器+人
营销渠道	以线下渠道为主	线上线下全渠道融合
营销方式	地推沙龙、电话短信推销、到店客户推销、上门驻点等	智能推荐、实时推荐、个性化推荐、营销嵌入场景等
营销数据基础	数据以内部积累为主,只有结构化数据、维度少、关联度低、可转换价值有限	包括内部数据、实时行为数据、第三方数据等线上线下多维度数据;既有客户身份数据信息等结构化数据,也有文本、图片等非结构化数据
营销效果	精准度低,营销成本高、成功率低	精准度较高,在降低营销成本的同时,有效提高营销成功率
客户体验	以产品为中心,容易出现产品与客户需求不匹配的情况,客户体验不佳	以客户为中心、个性化程度高、客户体验明显提升

对比传统银行营销和数字化营销可以发现，传统营销以产品销售为导向，更多依赖业务人员获得客户的能力，且受地域限制。具体来说，业务人员主要依靠自身的知识和经验开展工作，容易出现与客户需求匹配不佳、业务人员为完成业绩推荐不合适的产品等问题，降低了客户体验感。借助移动互联网、5G、物联网等信息技术，数字化营销可以对线上线下进行全渠道覆盖，解决信息不对称难题，突破地域限制。在此基础上，通过大数据、云计算、人工智能等技术，可以实现以客户为中心的营销模式转变，对客户进行个性化推荐和营销，提高获客运营效率，有效提升客户体验。

构建途径

1. 打造营销管理体系

构建数字化财富管理营销平台需要通过大数据技术整合挖掘全行、全渠道的客户数据，洞察客户的行为习惯、偏好和社会属性。银行应利用人工智能技术支持营销策略的配置定义，引入先进的营销算法，构建多种个性化推荐模型，实现差异化营销。要打造营销数据闭环，需要打通手机银行App、信用卡App、个人网银、线下网点等渠道，实现营销活动的不断迭代。

从技术架构来看，数字化财富管理营销平台应覆盖营销前、中、后阶段活动，丰富营销流程管理工具链，赋能各业务部门的营销和跨线营销。大数据底层需要打通数据采集、数据处理、数据资产、数据服务和数据应用的整条数据链。银行应收集和处理客户基本特征、交易流向、社会关系等数据，为客户分组和精准营销奠定基础。建设数字化财富管理营销平台，应重点关注以下三个方面。

（1）完善大数据底层资产，为数字营销闭环提供基础支撑。数字营销的关键是数据驱动，客户洞察、客户分析、客户营销回溯等动作都是基于数据完成的。因此，数据资产的建设和完善是支撑数字营销的基础。

（2）持续优化中台产品和服务，提升客户体验。品牌营销、流量运营、信息触达这几方面只是在数字化领域中实现客户数量增长的第一步，是将流向银行的新客户转化为有价值的客户，银行中台还需要提供优质的产品和服务，保证客户的留存。

（3）建立数字化营销闭环，将客户营销与数据应用紧密结合。大数据的应用是开启数字银行价值链的关键。目前，大部分银行都在尝试搭建数字化财富管理营销平台，但主要问题是数字化财富管理营销平台与数据平台、渠道平台、标签平台等相关系统没有完全打通，在数据的调用、处理和检索方面没有形成数字化全链路闭环。

2. 构建客户管理体系

随着中国财富管理行业规模的快速扩大，银行必须克服总行和分支机构、线下网点之间信息不相通的困难。海量数据的保存与处理，精细化业务管理以及长期服务需求都需要银行充分挖掘信息，构建完善的账户系统。

数据是实现前端客户分析、客户需求洞察的基础。要想进一步地了解目标客户，精准预测客户的行为偏好，建立合理的再销售策略，必须把大数据分析视为基础性资源。所以，在运用大数据分析驱动财富管理销售活动的第一阶段，商业银行就应该部署全方位的再销售活动运营的解决方案，具体如下。

（1）银行必须借助大数据分析平台，进行应用内的客户行为埋点和应用内位置投放的基础建设，建立健全大数据分析收集制度，全方位打通行内数据资产管理。当打通了全渠道数据分析之后，银行就可以在分析点线面的转化效率基础上，再考虑整合客户管理策略。从而有效协助银行沉淀在全渠道的客户数量，完成数字化客户信息管理。

（2）银行必须建设规范的信息管理系统、统一化的数据仓库与信息接口，并建立专门机构将各单位分散的信息统一存放、统一保管。上述措施将有效缓解客户数据分析应用不灵活、弹性小的情况，帮助企业营销信息迅速纳入客户体系，将数据挖掘成果应用于销售、风控、产品等领域。当形成了完善的客户管理体系之后，财富管理就可推动数字化对机构直销市场的赋能。

（3）银行还应该运用数字化手段服务其重点的渠道管理客户，帮助渠道管理创造涵盖产品即业务（银行财富信息管理开放中台、聊天机器人等）、咨询即业务（银行资产分配综合咨询服务、根据总体目标的融资计划等）和 AI 即业务（人工智能用例提供）的科技平台及赋能方案等。

3. 实现客户精准画像

随着金融服务数字化水平的不断提高，越来越多的客户开始通过数字化渠道接触金融服务，传统银行的专属数据优势和市场规模优势不断被削弱。银行必须抓住数字化大潮所带来的新机会，通过重塑营销网络平台架构，利用网络信息数字化技术精准定位客户需求，建立 360 度的客户画像，并根据这些客户需求数据信息为客户提供个性化的产品和服务。为实现客户群的精准客户画像，运用大数据分析技术整理客户的基础信息、金融信息以及线上数字化信息等内容，为直销平台和多渠道战略合作伙伴机构的目标客户建立标签，并实现定制化服务和目标客群导向的精确推广。

为实现客户精准画像，首先，需要建立如第四章所述的数字化客户管理系统，收集客户行为数据，包括客户基本信息、资产信息和交易数据；其次，银行需要结合自身产品的特点，对客户行为进行建模；最后，围绕客户基本属性、理财需求、行为特征等，构建完善的生命周期特征画像，从而洞察客户的真实需求并制定相关运营策略（图 5–10）。

行为数据收集	行为建模	构建画像
① 客户基本信息	① 数据挖掘	① 基本属性
② 客户资产信息	② 自然语言处理	② 理财需求
③ 客户交易数据	③ 机器学习	③ 行为特征
	④ 云计算	④ 兴趣爱好
	⑤ 知识图谱	⑤ 心理特征
		⑥ 社交网络

图 5-10　客户画像构造过程

4. 打造指标评价体系

一套科学完善的指标体系，有助于指导数字化营销的实施，评估数字化营销的战略效果，是数字化营销工作的重要指标工具。在一个完整的数字营销链中，不同阶段的检测指标各异。根据漏斗原理，只有提高每个环节的留存率，降低环节间的漏失率，才能提高数字营销的整体效率。如图 5-11 所示，数字化营销的指标评价体系将包括客户生命周期的各个阶段：感知、获客、活跃、留存、收入和传播。

指标评价体系建设的流程步骤如下：

（1）建立一套完整的指标体系。指标的制定越细化，数字化营销工作的定位就越精准，每个策略都可以与具体的营销目标相关联。此外，每一个营销策略的产生、开展、投入、产出，均可对应具体的量化指标。

（2）明确不同指标的重要性。在实施中，要根据现阶段业务运营的任务目标锁定几个核心指标，并设置一个领先的"北极星指标"，即一个阶段所有数字营销资源围绕这个关键指标，确保整个团队都朝着同一个目标努力。

（3）建立考评指标和营销指标的映射关系，并及时调整。考核评价所采用的指标体系与客户营销所采用的标签体系之间应建立一定的映射关系。比如，指标体系中利润、收入等大类指标映射到客户标签体系，应该是客

第五章 | 中小型银行财富管理平台化

阶段	感知	获客	活跃	留存	收入	传播
北极星指标	・财富管理净收入行业排名 ・财富管理净收入占比排名 ・App月活排名	・新增客户数 ・新增管理型基金投顾账户数 ・单位获客成本 ・开户转换率	・活跃客户数 ・各业务活跃人数	・活跃客户留存率 ・资产留存率 ・显性流失客户数	・财富管理收入占比 ・代理销售金融产品收入占比 ・总资产（AUM） ・客户资产收益率	・分享客户数 ・NPS
健康度指标	感知健康指数	获客健康指数	活跃健康指数	留存健康指数	收入健康指数	传播健康指数
重点指标	・业务排名 ・知名度 ・美誉度	・获客数量 ・获客过程 ・获客质量	・内容丰富度 ・平台活跃 ・业务活跃	・留存 ・流失	・公司角度 ・客户角度 ・员工角度	・分享 ・客户评价

图 5-11 数字化营销的指标评价体系

197

户资产规模、投资、负债等标签维度。通过建立映射关系，可以更好地完善客户标签体系，解决标签与业务对应性差、标签深度和广度不足等问题。考评指标并不是静态体系，而需要根据业务、客户群、市场环境等因素的变化及时调整，以达到与业务端更好的贴合效果。

数字化营销作为银行数字化增长的核心要素，在部分银行的转型实践中已初见成效。基于数字化应用的客户营销模式将成为未来我国银行获客的主要方式。从战略的角度来看，各大商业银行越来越重视数字化营销。目前银行的数字营销能力相对有限，但也将数字营销置于较高的战略地位。通过引入专业咨询，银行与互联网机构共建营销体系，未来5～10年银行的数字营销能力将得到突破性发展。

对于商业银行尤其是中小型银行而言，以数字化为引领的营销新时代已经到来。客户数字化程度越来越高，应用场景越来越丰富。传统的营销模式已经不能满足客户多样化的需求，因此，中小型银行更应加快数字化进程。

数字化财富管理风控平台

随着科技发展，金融服务方式正在出现三个方面的巨大变革：第一，金融服务不再局限于物理网点，过去客户必须前往金融网点办理业务、享受金融服务，现在由于数字化的普及，客户可以通过手机、电脑等设备，在任何地方办理业务；第二，互联网金融成为新型金融业务模式，金融行业竞争越来越激烈，大型互联网企业采用与金融机构合作等方式进入金融服务领域，加剧了金融服务行业的竞争；第三，中国银行业的经营环境出现重大变革，银行业资源要向技术创新、高端制造业、居民消费提升、城镇化发展、民生金融、绿色金融等应用领域偏斜，主要体现在信贷、投行和资管等产品都将进入上述应用领域。同时，银行业监管日益趋严，对金融创新与金融安全的平衡是当前监管的重点问题。

以金融模式变革为背景，传统银行风控模式已经不适用于新的时代，而作为转型重点的财富管理，也要寻求数字化转型，其中，开发新业态的数字化风险管理系统是财富管理的重要方向。数字化财富管理风控系统是将大数据分析、人工智能和云计算等技术运用到财富管理风控中，用金融数据、客户数据来驱动风险管控。如图5-12所示，财富风险管理体系涉及产品开发设计、产品销售、资金募集、投资运作、运行管理和报告披露六个方面，其中可能涉及的风险包含：资产质量风险，主要是信用风险和市场风险；运营风险，包含操作风险和合规风险；客户准入风险。

本节将从三方面展开：风险管理体系、合规管理体系和数据安全体系。

财富管理风险管理平台

投前	投前	投中	投中	投后
产品开发设计	产品销售	资金募集	投资运作	运营管理	披露报告

| 信用风险
资产质量风险
市场风险 | 流动性风险 | 操作风险
运营风险
合规风险 | 客户准入风险 |

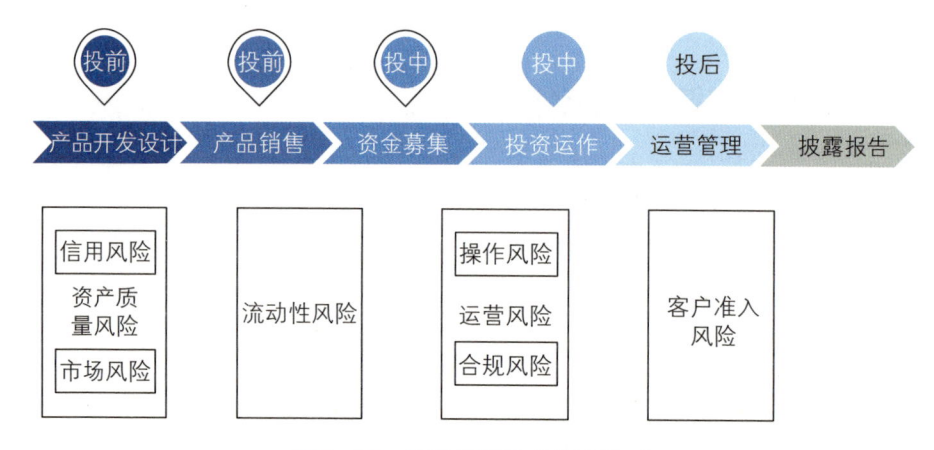

图 5-12　财富管理风险管理体系

风险管理体系

数字化财富风险管理体系是在财富管理风险体系的基础上辅以数字化手段。本部分将阐述如何将数字化运用于信用风险管理、市场风险管理、流动性风险管理、客户准入风险管理，以此构建数字化财富风险管理体系。

1. 信用风险管理

银行财富管理主要投资对象是资本市场金融产品，但资产市场往往隐含信用风险和市场风险。财富管理领域最为显著的是信用风险，传统投资多以股票、债券及期货等开放交易平台的金融投资工具为底层资产，但银行财富管理的投资端除公开交易产品外，也包括非资本市场金融产品，例如非标准化远期、期货、掉期和期权。而此类非标产品因为没有交易场所和交易规则的约束，通常依靠多头和空头方道德约束，极易产生违约风险。

以财富管理流程为主线，可以将信用风险划分为三个阶段来管控，即投前、投中、投后（图5-13）。

信用风险管理

投前 — 投中 — 投后

信用评级
内部评级
自定义评级
第三方评级
外部评级

风险预警监测
债务与经营指标
组织架构与公司治理

融资人风险视图

图 5-13　信用风险管理

（1）在投前阶段，数字化管控信用风险的关键模块包括评级数据与评级方法。评级数据需要采用新型数字评级技术体系，利用数据挖掘等技术从深度和广度两个维度全方位搜集评级所需信用数据。评级方法可从内部评级、自定义评级、第三方评级和外部评级四个维度进行投研信评，多维度呈现结果，交叉检验，可大幅度提升评级准确性。

（2）投中风险管理，主要针对投资产品的底层客户信用风险情况筛查，要构建动态监测预警，提升风控决策效率。基于底层资产的融资人的数据进行监测预警，主要监测维度有：债务与经营维度、融资人组织架构与公司治理维度、舆情维度及整体风险视图。

（3）在投后管理中启动预警监测系统，可以实时把控投后风险。利用流计算技术实时监测，进行即时数据分析处理。同时接入实时决策系统，利用决策引擎，实现规则、评分卡、模型、表达式等各种类型的逻辑方式嵌套。基于流计算技术的风控决策引擎可以实现"1+1＞2"的协同效应，更符合中小型银行对多样化金融业务需求。

2. 市场风险管理

市场风险则可以分为利率风险、汇率风险、股票价格风险和商品价格风险，分别指由于利率、汇率、股票价格和商品价格的不利变动所带来的风险。

面对市场风险，银行要充分利用现有成熟的市场风险管理体系，采用金融产品估值模型、交易对手评级等方式进行风险管理。主要手段有风险量化及估值管理、限额管理、前中后台监控等。利用人工智能、数据挖掘等手段全方位搜集市场数据，将金融市场风险管理和外部监管所需要的金融市场业务交易数据、市场数据及相关的风险数据进行整合，为金融市场风险管理和计量以及市场风险监管资本和经济资本的计量提供及时准确的风险分析信息和基础报告，并为市场风险限额管理提供基础。建立前台定价计算器体系，涵盖一整套广泛指标，包括可全面配置的风险价值分析方法以及灵活压力测试工具包。

3. 流动性风险管理

由于资产和负债的期限错配，流动性风险也成了财富管理的一大风险点，其主要发生在投资者提前赎回产品、投资产品债务人违约以及衍生品的复杂金融运作过程中。

流动性风险管理分为三个阶段：风险识别和计量、风险监测和报告、风险应对和管理。风险识别和计量阶段主要涉及多个指标的测算，如流动性缺口、日间资金头寸测算、优质流动性资产测算、流动性匹配分析和流动性压力测试等。风险监测和报告指银行可建立数据集市，包含财务数据、风险数据和外部数据，并利用数据分析自动计算流动性指标，并生成风险看板，构建商业智能（BI）可视化平台。风险应对和管理是指基于生成的指标，银行可以形成符合监管的流动性指标预警机制，设置指标警戒值及警报触发系统，及时传递流动性风险信号，以此提升风险应对和管理的效率。

4. 客户准入风险管理

客户能否准入主要由银行对其进行风险承受能力评估来决定，银行需设计适合不同客户的风险承受能力评估流程，以准确获取其风险承受能力，来为其配置适合的投资产品。风险评定系统可借鉴智能投顾模式，一种方式是由计算机生成基础问卷，包含基础信息，如投资者年龄、收入、财富等，再根据基础问题自动产生差异化问卷，如对老年人和年轻人提供不同问卷。进阶问卷中须包含风险承担意愿、产品类型偏好等内容，提问方式可以模拟场景化，更贴合生活实际。另一种方式则是在客户端上采集投资者的年龄、年收入情况、投资目标以及投入期限等，不做直接的风险偏好研究，而是由人工智能自动生成偏好结果[1]。

合规管理体系

近年来，由于财富管理行业的蓬勃发展，商业银行、证券公司、保险公司等各大机构争相抢占财富管理市场，国家也相继出台了"资管新规"等来规范财富管理市场。所以对商业银行等财富管理机构来说，合规也是一项很重要的风险管理内容，因此，搭建数字化财富合规管理系统也是提高银行合规管理水平的关键手段。数字化财富合规管理体系主要涵盖操作风险和合规风险防范，与之配置两套风险防控体系：操作风险防范体系、员工行为预警体系，如图 5-14 所示。

---

[1] 资料来源：商业银行理财子公司筹建专题研究（第五期：理财子公司稳中求进，全面风险管理体系建设考量），德勤有限公司，2022 年 9 月，https://www2.deloitte.com/cn/zh/pages/financial-services/articles/commercial-bank-financial-sub-study-5.html

数字化财富合规管理体系

```
           操作风险防范体系                       员工行为预警体系
        ┌─────────┼─────────┐          ┌──────┬──────┬──────┬──────┐
    线索查证    区块链技术   建立共享       员工    平台    异常行为  智能风险  数字化
    流程                    账本          管理    预警    管理     经理岗   负面
                                         体系    体系    体系              清单
```

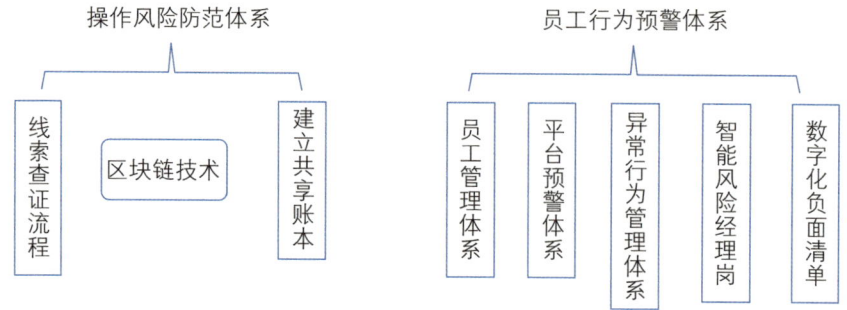

图 5-14　数字化财富合规管理体系

1. 操作风险防范体系

操作风险防范体系主要防范财富管理中的操作性风险，应用对象是理财经理，应用场景是理财产品销售，功能是加强财富管理业务真实性、合规性监测，揭示员工在财富管理中存在的操作风险和道德风险。

区块链技术可作为财富管理操作风险防范体系的主要支持技术，其能够实现客户与金融资产发行人的直接通信和交易，利用高效率交易和关联业务流程减少资产处理成本，提高资产管理价值链上的数据及互动的质量。这种新型方法大大简化了合规程序，加速了去中介的过程。以区块链为基础的操作风险防范系统包含线索查证流程和共享账本，可以满足资质透明化、操作透明化、资金去向透明化等穿透性监管要求。

（1）线索查证流程，是指建立智能化、全覆盖的线索查证流程。银行采用自动化脚本代码、智能合约自动触发记账等技术，建立理财经理、银行和投资品底层融资方等在一次投资动作中的信用关系，降低中间环节可能产生的欺诈、寻租等行为。区块链技术使得传统银行操作中的违规篡改行为无法完成，保证了数据的真实性，在未来需要审计银行理财经理行为或者客户账户时，可为审计提供可靠的数据来源。

（2）建立共享账本。利用区块链技术，可以建立整个金融系统的共享账本，账本信息内容包括上中下游业务结算、投资方的进款信息、融资方资金调用等，可使用范围并不局限于传统商业银行的财富管理服务和银行信贷服务，还可以延伸扩展至整个金融产业。互联互通的共享账本一方面可以实现减少人为介入，降低操作性风险发生的可能；另一方面展示透明度和真实性高的交易行为和资产情况，也能间接提升审计追踪的效率。

2. 员工行为预警体系

员工行为预警体系不局限于线下管控，同时合理运用线上方式，搭建五方面子管理体系：员工管理体系、平台预警体系、异常行为管理体系、智能风险管理体系、数字化负面清单体系。

（1）员工管理体系。员工管理系统主要功能是检查银行工作人员是否违反亲属回避相关规定。亲属回避规则是从事前阶段对可能存在的合规性风险进行预警，此套系统要搭建员工亲戚库，并设计业务模块、员工任职模块多种场景的内嵌排他式逻辑。

（2）平台预警体系。开发用于审计全流程信息化的系统，系统的审计范围覆盖业务、内部操作等各方面行为，做到透明化、全面化。为实现审计问题的闭环管理，要建立违规问题库和违规事件推送平台。一旦在审计系统中发现违规数据，系统应实时自动传输到违规问题库，同时将问题推送给相应负责人，并进行跟踪监测。可按问题严重性对问题进行智能分级，并根据问题最新状态和持续时间动态调整问题级别，直至问题最终解决归档。

（3）异常行为管理体系。实行员工精准式管理，采用员工画像的方式使员工行为可视化，多维度、全过程数字化洞察员工，识别高风险员工。全面采集员工账户交易记录，逐步拓展到家庭、财产、消费习惯和记录、社交信息等全方位、立体的数据，对员工行为进行精准管理，提高案件防范能力。对员工异常行为分类，建立异常行为库，不仅包含大额负债、被客户投诉等业务相关问题，也囊括高频小额负债、离婚、参与赌博、消费收入比异常等生活异常行为。

（4）智能风险管理体系。增设风险经理职能岗位，利用大数据、数据挖掘、数据分析等技术，构建员工风险等级表。定期搜集数据，生成定量指标，包含所有涉及理财业务工作人员的家庭资产负债指数、违规违法事件以及日常工作情况指标。并基于定量指标，生成理财业务工作人员风险等级表，个人风险划分等级，对风险等级较高的风险员工及其家属账户交易进行重点关注。

（5）数字化负面清单体系。基于对员工异常行为库的分析，生成数字化负面行为清单。清单涵盖信贷类、财务类、综合类和其他类四类负面行为：信贷类指员工在财富管理业务操作中的违规行为；财务类指员工和客户发生的私下违规财务交易，如代管银行卡，代客操作等；综合类指员工个人生活违规违法行为，包括酒驾、赌博、涉诉等；其他类指其他不属于以上范畴的行为，包含违反信息安全等。银行利用人工智能技术筛选出员工异常行为库中发生频次高、发生后果严重的行为，并将类似行为进行概括合并，归入对应的类别，组成完整的数字化负面清单。清单不仅覆盖内容广泛，而且也能够动态更新。

数据安全体系

数据被称为新时代的生产要素，银行掌握了大量的客户数据、员工数据、交易数据。在财富管理业务中也存在大量结构化、非结构化数据。现有内外两个方面的压力，促使商业银行逐步形成了一个完备的内部安全管理体系：在外部由金融监管组织制定规范并对安全标准明确提出要求，在商业银行内部实施数字化战略，在内控上提出对数据完整性、保密性和可用性的新要求。根据监管和内控的要求，银行要构建数据安全体系，以保证所有使用环节和应用场景的数据安全，打造闭环管理系统。数据安全治理包含四个层面：数据安全架构、数据保护流程、数据保护运维、数据安全技术。

1. 数据安全架构

数据安全架构包括建立安全组织、制定制度规范。安全组织是设立在合规部门但区别于传统合规业务的架构，是专业化的数据安全团队，能长期持续不断地执行数据安全工作。制定制度规范是指要构建数据安全体系规范，将数据责任和权限进行清晰划分，并明确决策机制。同时，要制定数据安全管理的整体方案，对数据资产分级分类进行管控，尤其是敏感数据，要设定使用场景和可使用数据范围，并制定相应制度。数据安全团队可推出智能线上数据安全法规数据库（图5-15），将外部监管部门的法规集合于一个平台，便于查询了解，并注意实时更新新出台的政策法规，也汇集最新数据安全违规处罚事件，形成条例与案例相结合的数据库。

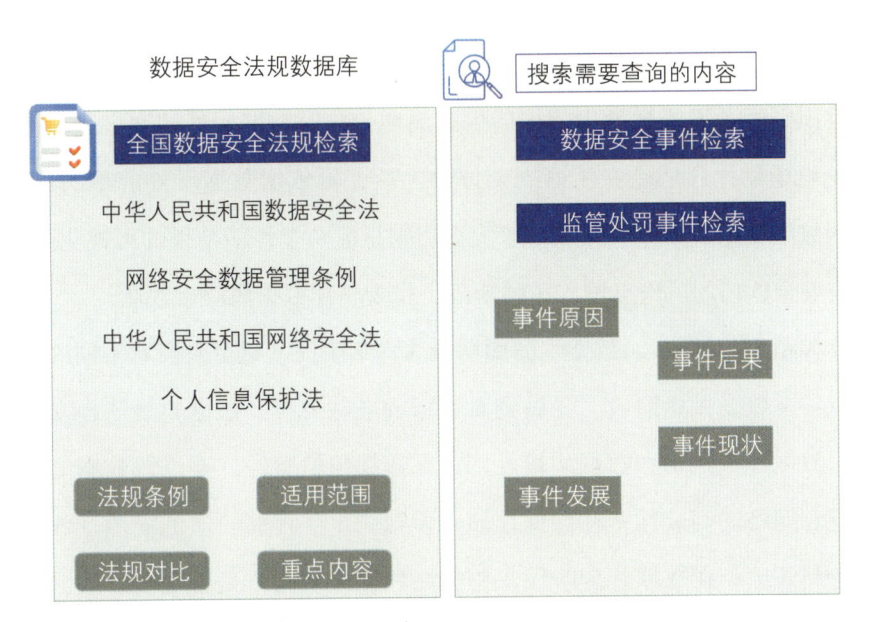

图 5-15　线上数据安全法规数据库

2. 数据保护流程

数据保护流程包括数据安全对象识别、数据风险评估、数据风险消除、数据安全监控、数据泄密保护、数据归档、数据加密、数据灾备等。

（1）数据安全对象识别。数据安全对象识别是数据安全体系的前置工作，要做好数据资产盘点、正确定义对象数据类别。在盘点数据资产时，要遵照外部法律法规和内控条例。对不同的数据进行属性贴标，再根据标签对应到相应的类别，可以在信息系统中设计数据字典。为了提高盘点数据资产的工作效率，商业银行还可以研制数据自动发现的工具和数据地图，数据地图不仅可以静态识别数据，也能在数据发生变化时进行报告，以协助数据安全员检查。

对数据进行分类后，更重要的是对数据的安全级别进行划分，将数据来源、内容、用途、价值、敏感程度和影响范围作为分级依据，对于核心数据要细化分类标准，并制定不同分级对应的加密策略、归档策略、监控策略和备份策略等。

（2）数据风险评估。数据风险评估分三个步骤，第一是数据生命周期评估；第二是场景化数据评估；第三是风险视图。数据生命周期评估是将风险识别的关键要素设为数据的生命周期，按照数据所处的生命阶段来评估；而场景化评估是在生命周期评估之后，再依据数据所处的不同场景，识别数据安全的具体风险点；风险视图则是前两个评估结果的可视化形态，是将安全评估的风险点输入风险矩阵，呈现整体数据风险可视图。

如图 5-16 所示，数据生命周期分为六个阶段，每个阶段有不同的评估重点：在数据采集阶段，要做到对数据的准确分类、数据收集流程安全管理、数据源头甄别和数据质量甄别；在数据传输阶段，要注意数据的保密管理和网络的高效性；在数据存储阶段则侧重于存储介质的安全、数据的备份与还原；在数据处理阶段，要关注数据分析动作是否安全、数据使用是否授权、数据环境是否安全；在数据交换阶段要保证数据接口、数据发布、数据共享安全性;最后是数据销毁阶段,要严格把控数据销毁处理和存储媒介的妥善。

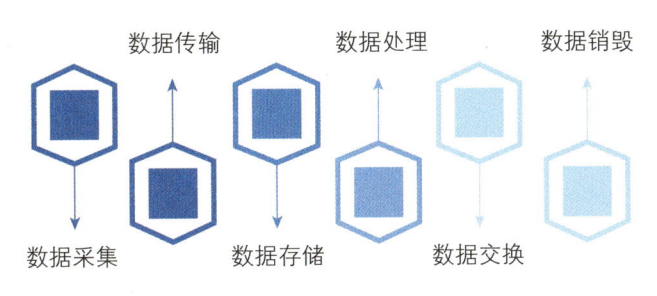

图 5-16 数据生命周期

场景化数据评估是基于数据所处生命周期的精细化评估。主要的场景涉及:数据访问账号和客户权限管理、数据使用过程的访问权限管理、数据提取权限管理、定期权限稽核、数据存储管理。

如图 5-17 所示,数据风险视图是依据前述风险分级结果输入矩阵,并分析客户隐私、机构隐私和合规的现状差距分析,并输出风险消除举措。

数据风险视图				
	监控安全场景	识别或有风险	现状分析	风险消除举措
数据采集				
数据传输				
数据处理				
数据存储				
数据交换				
数据销毁				

图 5-17 数据风险视图

(3)其余数据保护流程。在数据安全对象识别、数据风险评估完成后,

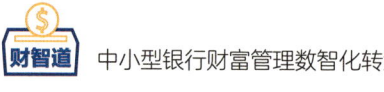

根据数据安全监控策略，完成以下流程：数据风险消除、数据安全监控、数据泄密保护、数据归档、数据加密、数据灾备，同时根据数据安全等级设定监控范围、频次，并设立监控重点，进行周期性管理。

3. 数据保护运维

在建立了一整套数据保护流程后，银行也要注重安全系统的优化运维。

（1）基于数据的安全等级差异化管理。具体措施有：及时更新数据清单，定期修改核心数据访问参数；监控数据安全指标；当业务模式或者组织架构发生变化时，调整数据使用权限和范围。

（2）注重内部审计。对不同业务线及不同阶段实行定期内部审计，可采用量化的审计手段。主要内容包括：合规性监测、数据访问动作监测、访问权限监测、业务流程操作监测，以及邀请外部机构进行渗透测试，查找系统漏洞。以上监测行为可以结合大数据技术自动生成分析日志，报告可疑行为和系统问题。

（3）结合实时更新的线上数据安全法规数据库，调整和修订银行内部数据安全制度、流程、指标，并将调整行为依据数据保护流程传导下去，形成闭环管理。

4. 数据安全技术

数据安全技术是指能支持数据管理的技术，主要包括区块链技术、隐私计算、云计算。

（1）区块链技术能明晰数据生产者、数据管理者、数据用户，并强调利用分布式记账、共识计算、智慧合同等核心因素，建立一种分布式信用网络的验证制度，隐私保护是区块链技术的主要优势，在保有现有客户信任基础上，还能利用哈希码、加密密钥、钱包应用以及相关冷库存选项等智能组合，有效解决财富管理流程中信息安全、透明度以及安全性要求高等问题。

（2）隐私计算是指在提供数据隐私保护的前提下，让数据以"可用不可见"的方式，实现数据安全流通和分析计算。隐私计算包括机器学习、分布式机器学习、密码学、安全多方计算等多种不同的技术。这些技术可以实现打破金融数据壁垒，同时数据不可见，进而保护隐私。其中，联邦学习是分布式机器学习的一种，机制是在多方合作中，数据不会因为合作过程而被第三方机构获取，并且可以保证建模中不会损失数据，银行可以利用联邦学习来解决数据孤岛问题，同时兼顾数据安全。目前联邦学习已经在一些关键的金融领域取得了进展，包括联合反洗钱建模、联合信贷风控建模、联合权益定价建模、联合客户价值建模等。

（3）云计算技术在数据安全中的应用是搭建混合云。中小型银行由于受到资本、体量等客观因素的限制，在技术上还无法和大型商业银行展开直接竞争，而云计算技术的应用就能够补足这种短板，通过搭建银行的混合云可以快速且弹性地在整个虚拟互联网分享运算、内存、网络等资源。混合云将私人云和公共云融合到了一起。使用混合云，可以在两种环境之间移动数据和应用。在计算和管理要求改变时，混合云能使私人云的架构更平滑地扩展至公共云，并且不需要第三方数据中心来访问银行的数据中心。因而，混合云既有公有云的灵活和创新优势，又能符合数据安全的合规要求，将安全等级高、敏感数据保存在内部数据库中，兼顾安全和效率，便于银行搭建自由的、与时俱进的财富管理技术构架。

数字化财富管理数据治理平台

数据治理平台的架构设计如图 5-18 所示：总体分为三个平台两个支柱，三个平台分别为统一数据服务平台、数据挖掘平台、人工智能平台，两大支柱分别为数据资产盘点平台和数据能力分析平台。

统一数据服务平台

平台需要同时具备对海量数据进行收集、保存、处理、分析、资源共享等大数据服务能力，可统一为银行战略决策、经营开发、风险管理等行业应用提供基础数据管理、共享数据处理，以及大数据挖掘等服务。

统一数据服务平台，从元数据管理、接口自动生成与服务聚合、连接自动创建和信息集成三个层面进行探索，以降低大数据管理技术的应用难度，提升行业研究与使用技术人员、平台开发与大数据管理技术的协同能力，提高平台数据共享功能和业务定制化能力，发挥平台功能，为各领域的大数据管理应用提供重要支撑。

1. 元数据管理平台

元数据管理的信息资源共享过程记录了有关信息的含义、归属、结构、更新、授权、备注等各项数据。通过设计基于数据共享的元数据存储管理模式，可实现信息的全生命周期管理。对信息接入、数据保存、数据分析服务、数据共享等活动进行全流程的元数据处理，并进行信息的血缘管理和安全控制。元数据管理平台主要包含全生命周期数据管理和统一权限管理。

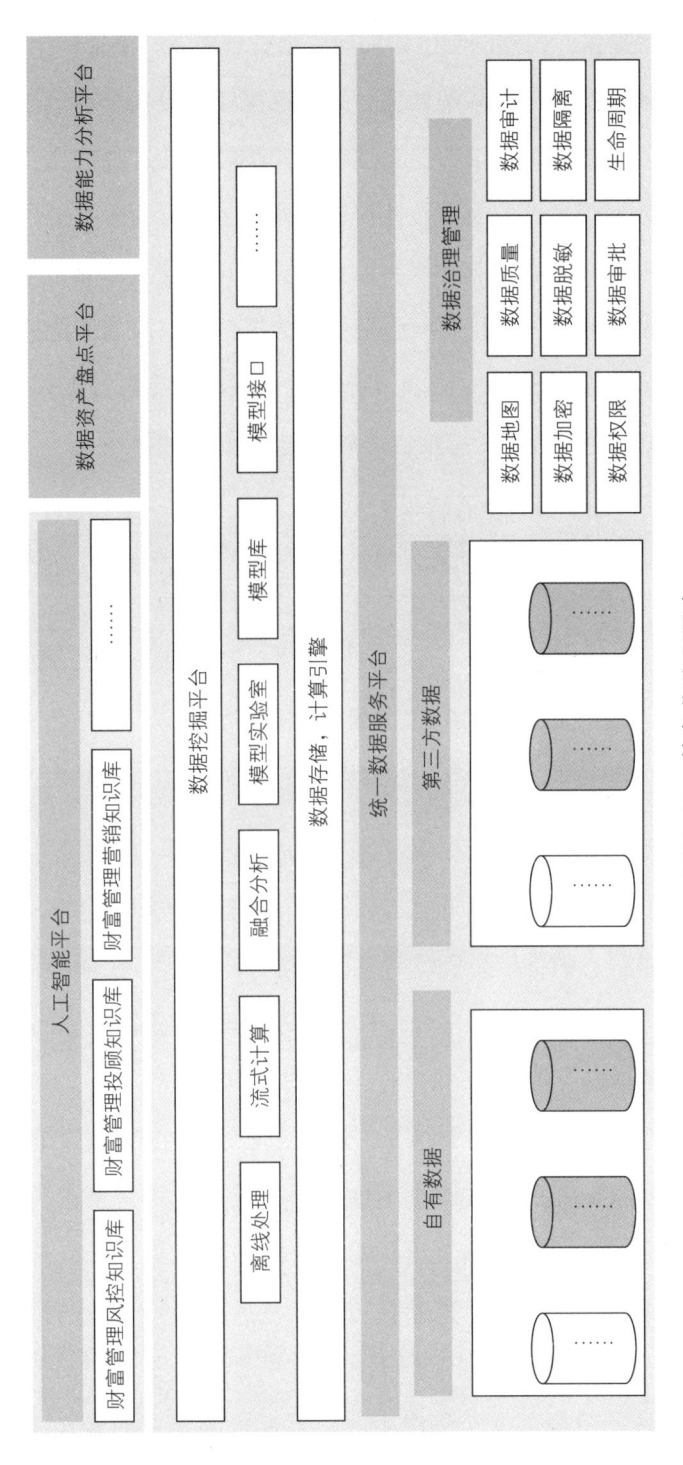

图 5-18 数字化治理平台

（1）平台提供元数据的全生命周期数据管理服务，涵盖数据管理集成、数据质量稽核、数据分析清洗处理、数据挖掘应用等各个环节，并使用统一的元数据处理模板，记录数据管理权限并跟踪流转过程的变化状况。并对多个底层数据信息存放组件设计授权模式，主要分为元数据授权、数仓数据授权、Hadoop 数据授权。平台以元数据管理系统为基石，并根据应用类型、Ranger 组件共同进行对网络平台内数据信息权限的安全控制，其统一授权管理模式见图 5-19。在此基础上，可进行数字段级细粒度的控制，并通过对数据信息分级和敏感度实现数据信息保密和脱敏。

图 5-19 用户同意授权管理模式

（资料来源：刘庆猛等，《铁路数据服务平台开放共享关键技术》）

（2）采用元数据的统一权限管理。网站平台数据信息资源共享过程一般包括数据登记、数据信息汇总、数据信息处理、数据信息发放、数据信息资源共享申报、数据信息资源共享审查等各个阶段，在采用元数据的统一授权管理方式下实行网站平台与其他业务管理系统间的数据接口共享和网站平台内数据信息资源共享两种方法（图 5-20）。

数据共享申请流程有以下环节：数据登记是在数据汇集之前的准备工作，业务部门根据需要通过网络平台提供描述业务系统基本状况的数据资料；数据汇总是通过数据登记信息，决定数据汇集方法，并在汇集过程中进行信息监测和预警；数据在进驻平台后，根据平台的数据稽核原则与银行的主数据进行数据治理工作；在数据满足了相应的数据质量标准后，即可按照数据的安全等级情况以数据资源目录的形式，完成数据发布。

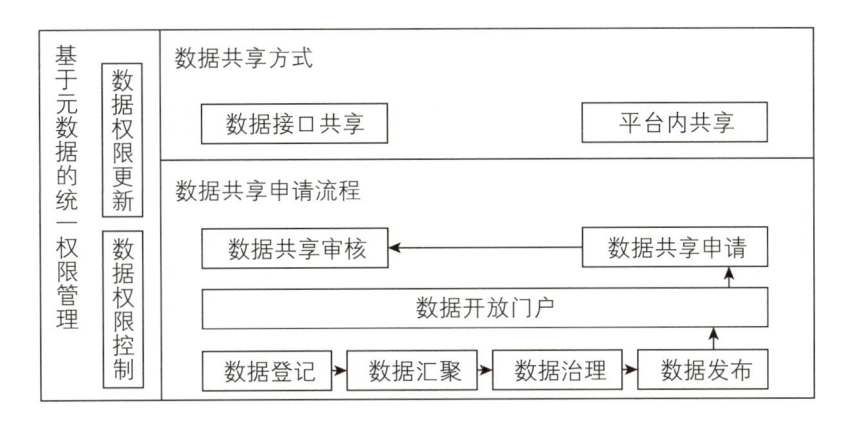

图 5-20　基于元数据的统一权限管理

（资料来源：刘庆猛等,《铁路数据服务平台开放共享关键技术》）

2. 基于服务管理的接口自动生成与服务聚合技术

平台的服务管理模块是数据共享的核心，平台提供的所有数据汇聚接口、数据共享接口都是通过服务管理模块实现的。在服务管理的基础上，为了减少接口开发的工作量，降低平台使用难度，研究并实现了基于通用底层接口的接口自生成技术；为了进一步降低接口开发量，提升平台基础接口的复用率和平台服务定制化水平，研究敏捷化可复用的服务聚合技术，便捷化形成逻辑复杂的服务接口，提升平台易用性，并在平台数据共享模块的多个场景中进行验证，提供面向实际业务需求的数据共享服务。

3. 采用服务管理系统的连接自动创建和信息集成功能

该功能是资源共享的基础，其实现的各种信息集成接口、资源共享连接都是利用服务管理系统功能完成的。在服务管理的平台上，为降低接口设计的难度，逐步降低应用复杂度，研发和完成一个服务应用底层连接的连接自生成方法；为逐步减少接口开发量，进一步提高服务基础连接的复用度和平台业务定制的能力，研发灵活可复用的服务集成方法，方便实现逻辑上复杂的业务连接，进一步增强可靠度，并在服务数据共享系统的不同场景上实现了验证，以满足根据具体服务场景的数据共享业务的要求。

数据挖掘平台

1. 数据挖掘服务框架

数据挖掘平台采用 ETL[①] 技术从数据源系统中提取数据，经过清洗和转换后加载到平台的基础层。计算模型层分为模型实验室、数据挖掘引擎和大数据计算引擎三个部分。

（1）模型实验室通过 ETL 流程进行数据采样，将测试数据加载到模型实验室的训练库和测试库中，然后通过单独部署的计算引擎进行模型开发、验证、测试和评估。

（2）对于评估好的模型，将其部署到数据挖掘引擎或大数据计算引擎，然后计算引擎从加速层读取数据。如果加速层没有需要的数据，则加速层从基础层读取数据，然后提供给计算引擎作为模型的输入；计算引擎根据模型生成预测结果，写入加速层，由加速层传递给知识层。

（3）计算模型层分为传统数据挖掘引擎和大数据挖掘引擎，在实现的时候，建立基于虚拟机或容器技术的分布式集群，同时部署传统数据挖掘引擎和大数据挖掘引擎，前者满足基于样本数据的多元统计分析，后者满足基于机器学习的大数据分析，从而构建一个多层次的智能决策平台。

---

① 数据仓库技术，用以描述数据从来源端到目的端的过程。——编者注

2. 数据挖掘过程

数据挖掘过程包括以下六大环节。

（1）业务理解。该阶段主要通过与业务专家的沟通完成以下任务：一是完成数据挖掘需求的收集、整理和分析；二是合理确定目标和理财业务边界；三是确定与需求相关的背景数据和理财业务指标，定位字段含义，统一指标口径；四是提前排除缺乏数据支持或不合理需求；五是初步形成建模思路。

（2）数据理解。该阶段主要是从数据源中提取业务相关的样本数据，完成以下任务：一是熟悉并透彻理解数据源，掌握业务数据库表的分布，了解表与表、属性与属性等的关系；二是初步估计业务的数据质量，观察是否存在缺失值、错误值等。

（3）数据准备。在了解需求的基础上，完成以下任务：一是数据清洗，处理噪声数据、缺失数据、不一致数据、错误数据；二是数据变换，使用线性或非线性的数据变换方法来压缩数据维度，比如独热编码（one-hot 编码）通过处理分类特征变量、主成分分析来降维。

（4）模型构建。这个阶段是数据挖掘的核心部分。主要任务如下：一是在测试集上尝试不同的人工智能算法，比较效果、效率和稳定性，然后选择合适的分析方法，初步完成模型的建立；二是提交业务测试，通过业务测试发现模型缺陷；三是根据业务测试建议逐步优化，直到模型在不同的测试集上表现出良好的预测效果。

（5）模型评估。此阶段的目的是确定是否存在未充分考虑的关键业务问题。为防止出现类似遗漏，在模型评价中针对不同模型需要不同的评价方法和观察指标。

（6）结果部署。该阶段将评估后的数据挖掘模型部署到计算模型层，同时对生产环境中的全量数据进行挖掘分析，生成新知识。

人工智能平台

人工智能平台可以建立在"微型"的私有云端上，从而形成云数据人工智能平台。对银行业而言，金融云的建立已是发展趋势，应用的云间转移也是必须考虑的情形。更关键的是，云计算技术能够对计算、内存、网络等信息资源实现集约化管控，这对于银行信息资源的高效使用具有现实意义。充分研究运用云计算和大数据挖掘技术，有效应对银行大数据的复杂性。通过发现知识和价值，为智力资本的形成提供方法保障，从而通过科技创新实现发展方式转变、金融创新和管理升级，增强银行体系的竞争力和稳定性。该平台主要利用容器、虚拟化技术、分布式技术，构建基于业务的人工智能算法知识库。

该知识库包括财富管理风控知识库、财富管理投资咨询知识库、财富管理影响力知识库。知识库涵盖基础数据、公共算法模型、共享数据分析模型等。这些算法数据库的建立能够降低银行数据分析师的操作难度，让普通数据分析师轻松准确地对数据进行人工智能研究。

数据资产盘点平台

为实现数据的有效管理，满足监管要求和数据安全管理要求，银行要厘清数据资产，对数据进行资产化管理，建立数据资产盘点平台。主要包含四个模块：调研数据现状、建立数据标准、校验数据质量和构建数据地图。

1. 调研数据现状

数据现状主要是指元数据采集和数据管理现状分析。

（1）元数据采集是通过对接银行业务系统、数据湖或者数据仓库，采集元数据自动获取原始的企业数据字典及数据之间的关系，形成企业元数据地图。智能化元数据采集依赖数据"软感知"能力，基于埋点技术，针对元数据来源，配置恰当的适配器及元数据模型，设置周期性或触发性采集任务，自动抽取系统中的元数据信息。

（2）数据管理现状分析是在采集元数据后，梳理其中涉及的数据资源目录，了解现存数据管理模式、数据质量问题和数据应用情况。业务的调研分为三步：业务整体调研、业务流程梳理和业务流程细化。业务整体调研包含调研业务总体情况、业务建设目标和系统类型、客户来源和规模分析；业务流程梳理包含内外两部分，内部是一条业务线或者业务模块内部的输入输出情况，外部是几条业务线之间的交互关系；业务流程细化需要识别各业务中涉及的人、事物、组件、数据，并绘制业务流程图，继而转换成对应的数据流图。

2. 建立数据标准

构建标准映射，制定数据标准，并设立数据标准与元数据的映射关系。数据规范为了便于业务人员理解、保管和使用数据，需按业务编制数据标准。数据标准涵盖公共域数据、核心业务数据、指标数据等，明确业务数据定义、录入要求、管理要求及质量要求。以此建立银行财富管理业务数据标准规范，全面提升业务数据信息管理能力。数据标准将启用智能化方法，通过距离度量、推荐系统等算法进行信息过滤和推荐排序，主动为客户推荐数据标准，以解决信息过载问题。

3. 校验数据质量

完善数据质量是在完成数据资产梳理后的动作。需要制定数据质量规则，以此校验所管理数据是否符合规范要求及数据质量标准。数据质量可从构建数据分级评价体系和数据质量专项治理两方面展开。

（1）构建数据分级评价体系。数据分级评价体系主要用于评价银行内部数据单元的资产价值，应以业务价值、质量控制难度、数据质量水平作为准则：业务价值包含数据项质量问题对业务的危害严重程度、数据项在业务表单中反复发生的次数等两个层次；质量控制难度既包含数据规模、更新频率，也包括出现数据问题后的问题整改难度；数据质量水平涵盖数据及时性、完整性、规范性、准确性和一致性。并按指标由业务人员、技术人员等结合系统数据资源清检完成赋值，对数据信息元按照赋值大小对业务数据元加以划分（图 5-21）。

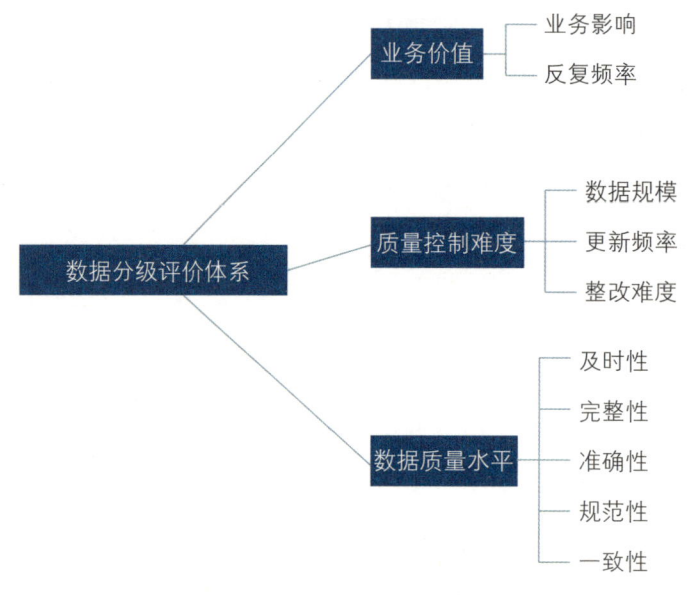

图 5-21　数据分级评价体系[1]

（2）数据质量专项治理。在数据评级完成后，筛选出问题数据，并按照"数据问题分析 – 应对策略库构建 – 任务清单 – 数据清理"四步法来开展数据质量治理。

第一步，分析数据问题。对所收集的数据项，通过运用统计分析方法和数据挖掘算法，并综合 Excel 等工具进行统计分析，可以鉴定出数据分析

---

[1] 张帮君. 企业业务域数据资产管理能力提升方法研究与应用实践 [J]. 大数据时代, 2020（05）:26-31.

的异常，进而评价数据分析品质，并对异常数据进行问题分析，从而形成数据分析问题与异常映射的关系库。

第二步，构建应对策略库。在明晰了数据的问题后，要结合数据资产的管理和技术研究，制定针对不同问题的解决方法、策略，并将不同问题对应的相应策略建立映射关系后计入资产质量管控策略库。

第三步，生成任务清单。依据策略提出具体措施，并生成数据资产品质改善任务清单和任务计划。

第四步，清理数据。依照数据质量提升措施，制定有关的工作名单与方案，并通过技术手段开展整改。组织业务部门开展自查与数据清理工作，业务部门根据任务清单运用人工和智能信息技术进行处理工作。以智能清除技术为主，人工清理为辅，通过运用机器学习等技术实现统一的批量管理，并自动分析数据中心、接口系统和业务网络中的信息。另外，还需要建立信息缺陷机制，以进行跨部门的治理，并做好监控工作。

4. 构建数据地图

在完成以上四步后，银行可以发布数据地图。数据地图在元数据管理工作基本上，还建立了统计资讯目录管理工作模板，包括全域统计信息检索、元数据管理详情查看、统计分析预览、统计分析血缘和统计分析类目信息管理系统等功能。数据地图也能帮助使用者快速检索，提取海量数据，进行数据操作，帮助银行在发生监管问题时，快速定位问题数据，开展整改[1]。

---

[1] 张帮君.企业业务域数据资产管理能力提升方法研究与应用实践[J].大数据时代，2020（05）:26-31.

数据能力分析平台

在实行了数据资产盘点管理,并形成了数据地图之后,银行要逐步对信息灵活多样地实行深入处理、分类,以为风险监测、风险预警、政策研究等业务提供有效支撑。构建数据能力分析平台能够协助银行展开多元化、全面的数据分析管理工作,如大客户数据分析、运营指标数据分析、关联营销数据分析、经营风险数据分析等,帮助银行找到潜在市场、潜在客户和发现机会的目的,为银行进一步拓展市场经营、减少经营风险提供了支撑。

在搭建数据能力分析平台时,涉及框架搭建、分析功能应用及深化平台应用三个方面。

1. 搭建框架

搭建架构是指建立统一的大数据分析门户,把已有的大数据分析体系加以整理,并汇集各类行业的数据分析、应用,让客户可以直接进入门户查询数据。

2. 分析功能应用

在数据门户上开拓"基础功能+进阶功能"模式,进阶功能则涵盖了自主分析、数据挖掘、知识图谱、人工智能等,这些功能都有助于提高大数据分析运用的水平,充分挖掘数据内在价值。

分析功能应用框架主要包含门户系统功能和应用系统,门户系统功能由三部分组成:门户网站首页、系统支撑和系统管理。其中,门户网站首页是数据应用的流量入口,其中包括数据浏览、数据地图、平台介绍等功能。系统支持着整体子技术应用体系和门户的深度融合,而任何融入信息系统的大数据,都需要先证明数据合规性后方能接入系统,是把控数据质量的一步。系统管理方式是根据权限设定,完成屏蔽、隐藏等拒绝超出权限范围的操作行为。

应用体系主要包括以下六个模块：数据管控系统和外部数据查询应用、自助分析、报表平台、管理驾驶舱、应用入口。

（1）数据管控系统和外部数据查询应用是数据来源的管理中心，可支持查询元数据，查看数据地图，提升数据搜寻效率，也可搜索外部数据，辅以决策。

（2）自助分析和报表平台。自助分析是面对没有统计分析、数据挖掘、数据库 SQL 知识的银行理财业务人员，通过提供自助分析工具来进行数据探索和数据交互，从而辅助业务决策；报表平台展现了银行财富管理业务中的业务报表。员工采用传统报表和自助分析的方法，不仅能打破以往业务部门投入大量人工统计的低效局面，节省等待技术部门支持的时间，而且能满足个性化需求，促成节能、高效的数据分析过程。

（3）管理驾驶舱是一个服务数据的高层决策支持系统。它以驾驶舱的形态，使用了各类公司常用的图形，如速度表、柱状图、环形地图、预警雷达等，形象地表示了公司运营的重要指数，并提供支持"钻取式查询"，能够进行对指数细分，使收集的数据分析更加形象化、直观化、具体化，直观地监测公司的经营状况，并能够对异常重要指数预警和挖掘数据分析。

（4）应用入口是为财富管理业务量身打造的业务应用管理中心，可按照业务模块的不同、业务流程的差异设置板块，如同业大数据分析、理财产品查询等。

3. 深化平台应用

深化平台应用是指在数据门户运转过程中，配合相应的激励措施，调动财富管理业务条线、管理条线上的员工积极参与，深化平台的运用。

后记

　　中小型银行财富管理业务的健康发展能够促进中小型银行转型升级、资本市场功能深化,并推动我国城乡居民收入稳健增长。

　　财富管理的数智化时代已经来临,之江实验室金融科技研究中心会责无旁贷地推动财富管理各方协同,并促进财富管理数智化转型,拥抱财富管理智能化普惠化、发展的新时代!